互联网金融

谷来丰 陈 颖 张云峰 马 漓 编著

内容提要

2015年经济新常态与深化金融改革，将带来新的经济结构、新的发展方式、新的金融创新、新的商业模式，这将给互联网金融带来巨大的发展空间。

本书从第三方支付和虚拟货币、P2P借贷平台、众筹平台、传统金融的互联网改造、大数据金融后信和用户分析、金融订户，对互联网金融进行了系统的论述与分析，并对未来互联网金融的发展前景与趋势进行了展望。

图书在版编目(CIP)数据

互联网金融/谷来丰等编著. —上海:上海交通大学出版社,2015
ISBN 978-7-313-13470-7

Ⅰ.①互… Ⅱ.①谷… Ⅲ.①互联网络—应用—金融 Ⅳ.①F830.49

中国版本图书馆CIP数据核字(2015)第166914号

互联网金融

编　　著：谷来丰　陈　颖　张云峰　马　漓
出版发行：上海交通大学出版社　　地　　址：上海市番禺路951号
邮政编码：200030　　电　　话：021-64071208
出 版 人：韩建民
印　　制：上海景条印刷有限公司　　经　　销：全国新华书店
开　　本：710mm×1000mm　1/16　　印　　张：12.25
字　　数：227千字
版　　次：2015年9月第1版　　印　　次：2015年9月第1次印刷
书　　号：ISBN 978-7-313-13470-7/F
定　　价：40.00元

自序

2014年底的一天，经朋友介绍，我有幸见到了管金生先生，管老曾经是中国最早证券公司——万国证券的总裁，是金融领域德高望重的人物。

我本来是想见见他，听他讲讲过去的故事，谁知道他跟我讲了未来：互联网金融。他认为互联网金融代表着世界金融的未来，而互联网金融的时代，首先是中国互联网金融的时代。从那一刻，我被互联网金融这一概念深深吸引，这也是我主导研究团队发力研究这一领域的初因，希望本书的出版，为进一步推动中国互联网金融健康、有序发展贡献绵薄之力。

如果您是一个关注互联网金融的读者，这本书可以为您全面系统地展示中国互联网金融的面貌，因为我们很用心地搜遍全网资料并编写了这本书。

如果您是喜欢深究的人，看到本书中存在诸多问题，请您不吝赐教，批评指正，因为互联网金融这件新生事物仍在不断发展之中，我们的认识水平有限。但我们有知错就改的决心，诚惶诚恐地等待您真诚的拍砖，恳求拍的时候轻一点。

最后介绍下本书的研究团队，我们的团队很小却很有梦想，爱钻研肯吃苦，书中观点可能不新颖也不独特，但我们“爬虫”了几百万份资料，对互联网金融来说应该算全了。

本书封底附有编者的微信号，欢迎添加，与编者保持交流互动，阅读中有任何问题都欢迎您咨询，非常感谢您的阅读。

谷来丰

2015年7月12日

目录

第一篇　互联网金融发展概述

第二篇　互联网金融模式概述

第三篇　互联网金融趋势概述

第一篇

互联网金融发展概述

中国是世界上最早出现货币的国家之一，货币的使用可以追溯到4 000年前。到商周时期，中国人口增长，商业和金融得到了进一步发展，司马迁在《史记——平准书》中就有过“农工商交易之路通，而龟贝金钱刀布之币兴焉”的记载。

宋朝时期，当西方世界还处在黑暗的中世纪的时候，中国城市繁华，商业和手工业兴盛，海外贸易空前活跃，金融业达到顶峰，出现了世界上最早的金融凭证——纸币。

然而随着蒙古人的入侵，华夏曾经的辉煌不再，虽然在清朝中、后期钱庄和票号曾经一度兴盛，但是世界的金融中心已经毫无疑问地转移到欧洲，荷兰和英国为了海上贸易，先后开启了商业银行的时代。

20世纪初，随着美国经济的迅速发展以及欧洲的持续战乱，世界的金融中心开始向美洲转移，第二次世界大战以后，随着布雷顿森林体系的建立和马歇尔计划的实施，华尔街以其高度发达的投资银行业抢占了世界金融的制高点。

21世纪初的经济危机，使投资银行业受到重创，华尔街的金融霸权业渐渐日薄西山。伴随着以数字化和互联网为核心的第三次产业革命，云计算、大数据、物联网、移动支付、网络社交等新一代信息通信技术风起云涌，随之而来的是互联网金融的兴起。

互联网金融以其高效、透明、便利、迅捷，更加诠释了金融的数据与信息的本质。因此，当互联网和金融初次碰撞的时候，一个新金融的时代便拉开了帷幕。

中国经济在持续36年的高速增长后，如今不但是世界上第二大经济体，同时也成为世界经济增长的最大引擎。在互联网商业应用方面，中国无论从网销的数量还是对商业改造的程度，都处于世界的最前列，每一个有预见的专家学者都能感知到：互联网金融的时代，首先是中国互联网金融的时代。

互联网金融是当今我国经济的热点问题，李克强总理在2014年《政府工作报告》中首次提出：促进互联网金融健康发展，完善金融监管协调机制，这充分显示了对互联网金融这一新生金融产品的重视。我国互联网金融虽然起步较晚，但在相对宽松的监管环境下取得了快速发展。以互联网为代表的现代信息科技企业，逐步向金融业渗透，结合自身优势对金融产品进行创新，服务于小微企业，发展实体经济。与此同时，传统的商业银行也开始与互联网进行技术融合，为客户提供更方便、快捷的金融服务。互联网金融的出现，对我国加速推进利率市场化和推动普惠金融的发展有着重要的意义，并会对现有的金融模式产生深远的影响。

第一章

互联网金融的界定

互联网金融也是个时髦的词了。在北京国贸的地块上，随处可听人谈起“谢平说……”“马云说……”“刘强东说……”“马蔚华说……”“马明哲说……”“马化腾说……”。尽管大多数人，并不准确清楚其内涵和定义是什么，但要是说不出一两件与此相关的事情，都觉得远远落后于时代了。媒体上不断出现新闻：互联网公司开展金融业务，金融公司技术形式互联网化。反正，无论如何，“互联网金融就是未来[①]”。

一、互联网金融的定义

现实中，大家对互联网金融的理解存在较大差异，典型的有三种。

1. 谢平：去中介论

谢平教授在《互联网金融模式研究》一文中对互联网金融的定义是：支付便捷，市场信息不对称程度非常低，资金供需双方直接交易，银行、券商和交易所等金融中介都不能发挥作用，直接和间接融资的资源配置效率相同，并在促进经济增长的同时，大幅度降低交易成本。

单纯从定义上看，就资金融通的方式而言，无论支付多便捷，信息化程度多高，以及是否有金融中介存在，归结到核心问题，还是摆脱不了直接融资还是间接融资这个命题。由于该模式的核心是尝试摆脱金融中介，为直接融资，但并不能改变资金在不同市场主体之间转移的金融核心行为。所以，这个互联网金融模式，很难界定为独立的第三种融资模式，而且它也没有改变资金跨期匹配的金

① 李钧.评论：互联网金融的真正含义[N].第一财经日报，2013－3－15.

融本质。亮点是在市场参与主体方面，该金融模式试图摒弃金融中介的存在。因此，“去中介”就成为谢平定义互联网金融的核心要素。

谢平在对未来互联网金融的畅想中，基于互联网分享、公开、透明等基因，认为资金可以脱离金融中介机构实现资金融通，在参与者之间通行无阻，不仅使得信息搜寻匹配成本极低，而且信息不对称所引发的违约风险也大大降低。由此，要不断弱化金融中介，通过两端建立债权债务关系的分层来降低风险，使金融机构从支付中介沦落为纯粹的融资服务中介。此时，金融不再发挥资源配置的核心主导地位，也就不再分享平均水平以上的资本回报。

2. 马云：基因论

作为互联网大鳄，他的论述很有代表性。为了不断章取义，全文引用如下：

> “金融生态系统主要特点应该是开放。中国的金融监管过度，美国则监管不力。监管过度会让生态系统变成一个农场，想种什么种什么，不想种的永远进不来，但真正的生态系统一定是开放的，百花齐放。对于中国金融业来说，让更多人参与比多发几张牌照显得更重要。
>
> 风险永远存在，但是我必须用创新的方法解决风险，永远不要忘记，我的目的是解决生活问题、商业问题和商贸问题。我跟很多人一样以前抱怨很多，说金融这不对那不对，后来了解多了发现，人家也没办法。中国的金融行业特别是银行业服务了20%的客户，我看到的是80%没有被服务的企业。把它们服务好，中国经济巨大的潜力就会被激发出来。我必须用新的思想、新的技术去服务它们。这可能是中国未来金融行业发展的巨大前景所在。
>
> 未来的金融有两大机会：一个是金融互联网，金融行业走向互联网；第二个是互联网金融，纯粹的外行领导，其实很多行业的创新都是外行进来才引发的。金融行业也需要搅局者，更需要那些外行的人进来进行变革。
>
> 有时候认为，我可以做得更好，因为不懂，而世界往往是被那些不懂的人搞翻天的。所以，开放首先是思想开放，不是政策开放。只有思想开放，才可能有技术开放、政策开放。
>
> 中国不缺银行，但是缺乏一个对10年以后经济成长承担责任的金融机构。今天的金融，确实做得不错，没有今天的支撑20%客户这样的金融机构，中国的经济30年来不可能发展到今天。但是靠今天这样的机制，我不

相信能够支撑30年后中国所需要的金融体系。很多问题不是今天造成的，而是历史造成的。我很难改变历史，但我可以改变未来。今天做准备，10年以后才有机会。今天我引进开放，可能会有问题，但是今天的问题就会变成10年以后的成绩。

所以，我作为一个外行者，一个不懂金融的人，对金融好奇，不是因为它能挣多少钱，而是因为它可以让很多人挣钱，可以让很多人发生变化。我希望外行人能够参与这个领域，不仅仅是来搅局，而是共同创造一个未来。金融是为外行人服务的，不是自己圈里自娱自乐、自己赚钱的。”

马云的观点代表了互联网企业对金融的认知，核心有四点：

其一，传统金融机构做得不好，由于金融监管过度，只服务了20%的客户；

其二，他要依靠思想开放、技术开放和政策开放去改变这个现状去服务80%的客户，他会做得比传统金融机构更好；

其三，金融机构利用互联网，做的是金融互联网，互联网机构做金融，才是互联网金融；

其四，他做的金融是讲道德的，不是自娱自乐，要承担起未来30年经济发展的重任。

3. 媒体论

媒体论在2013年非常有代表性，2013年的整个媒体都是充斥着互联网金融的论调。媒体论的观点，总体质量都不高，绝大部分既不是金融业看法，也不是互联网看法，而是按照自己的想象来构建一个互联网金融体系。所以，媒体论是最有意思的，当然也是最没节操和营养的，完全是只要搭点儿互联网和金融的边儿，基本上就算是互联网金融了。所以较难去理解媒体眼里的互联网金融，这也是反映了媒体目前的相对浮躁和追逐热点的冲动。事实上，2013年吵吵嚷嚷了一整年的互联网金融热，完全可能是媒体争相追逐的结果，而对于什么是互联网金融，一千个媒体人会有一千个说法。

不过，我们也不能否认，媒体为我们提供了更多的互联网金融发展的可能性，正因为他们的身份更超脱，所以在描绘互联网金融的时候也更有想象力，也有可取的地方（只是相对于整体数量而言，可取的点较少）①。

---

① 陈宇（江南愤青）. 风吹江南之互联网金融[M]. 北京：东方出版社，2014.

对一个概念下定义往往是最重要和最困难的工作。其不同定义和理解方式与研究者的角度有关。目前对互联网金融的研究多从技术和市场角度展开，认为其是科技与数据金融。但单以此理解，可能有所偏废。当从行为主体和参与形式的角度来理解时，互联网金融有着更大的普惠和民主金融的意义。

互联网金融并不是简单的"互联网技术的金融"，而是"基于互联网思想的金融"，技术作为必要的支撑。否则可以称之为科技金融或者新技术金融。互联网的概念是超越计算机技术本身的，代表着交互、关联、网络。其中的主语或者核心是参与者，是人，而不是技术。互联网金融是一种新的参与形式，而不是传统金融技术的升级①。

什么是互联网的思想呢？是高效共享、平等自由、信任尊重，是点对点、网格化的共享互联，从而形成信息交互、资源共享、优劣互补，并从这些数据信息中挖掘出价值。就像我们获取信息的方式，从统一的媒体和通告转向自媒体时代。每个人都在生产和分享内容。分享的通道是存在的，每个人接近于平等，相互之间有着一定的信任尊重。

什么是互联网金融呢？可能是每个人作为其中某一个体，都有充分的权利和手段参与到金融活动之中，在信息相对对称中平等自由地获取金融服务。逐步接近金融上的充分有效性和民主化。互联网技术的发展使这样的蓝图成为了可能。尤其是数据产生、数据挖掘、数据安全和搜索引擎技术，是互联网金融的有力支撑。社交网络、电子商务、第三方支付、搜索引擎等形成了庞大的数据量。云计算和行为分析理论使大数据挖掘成为可能。数据安全技术使隐私保护和交易支付顺利进行。而搜索引擎使个体更加容易获取信息。

这些技术的发展极大地减少了金融交易的成本和风险，扩大了金融服务的边界。其中技术实现所需的数据，几乎成为了互联网金融的代名词。"以技术为驱动的数据金融业务"成为了京东商城的发展目标之一。阿里巴巴也将"数据、平台、金融"作为未来的三大业务发展方向。建行甚至也自建了电商平台。很多机构在争抢第三方支付牌照，数据成为了战略资产。

客观上，数据给金融带来了巨大的变化，也是降低成本和风险的主要手段。但互联网金融不仅仅是数据金融，否则又回到技术层面了。互联网金融引发的在交易主体、交易结构上的变化以及潜在的金融民主化，才是具有革命意义的一

① 互联网金融的概念及特点[EB/OL]. 源自 http://www.csai.cn/if/536176.html，2014-4-14.

个论述。而其也未尝是不可期待的。

这样的期待是和信息对称、金融脱媒以及个体选择联系在一起的。当交易双方的信息不对称程度非常低，在金额和期限错配以及风险上分担的成本非常低，金融媒介机构发挥的作用能有几何？

谢平先生给出了预测：银行、券商和交易所等中介都不起作用，贷款、股票、债券等的发行和交易以及全款支付直接在网上进行，资金供需双方直接交易，可以达到与直接融资和间接融资一样的资源配置效率。市场充分有效，接近一般均衡定理描述的无金融中介状态。互联网金融的形式既不同于商业银行间接融资，也不同于资本市场直接融资。

这样判断的假定条件过于完美，也不可能完全出现。金融媒介仍然会承担一定的职能，但是其职能的大幅减小是极有可能出现的。个体间的直接金融交易值得期待，就像微博让个体之间的信息交易直接化。虽然金融交易需要一定的风险识别能力和交易安全保证，但是这个趋势在慢慢显现出来。

正是这种行为主体和参与方式的变化，是互联网金融最大意义所在。减小交易成本和风险是一方面，但是另一方面，有着普惠金融和民主金融的意义。个体拥有享受现代金融服务的充分权利和通道，交易行为完全市场化，信用会产生价值，个体的选择是自由的。

若是金融的交易完全互联网化，互联网成为一个巨大的公开的交易所，会给监管造成很多挑战。交易的发生小微密集，交错复杂。但是金融的发展是为了好的社会，不是为了方便监管。好的金融是让更多的人享受金融服务，让金融服务更加透明，最大限度减小信息不对称和中间成本。只要金融行为是朝着这个方向去的，监管跟上就行了。

中国人民银行行长周小川在答记者问时提到：（新的金融形式对监管来说）这种挑战是客观存在的，重要的是我们要适应这种新的发展和新的科技挑战。同时也不排除有时候这些新的业务模式会出现或大或小的一些风险，或大或小的问题，包括舞弊欺诈等等，也会借这种路径出现。出现以后，要加快我们的学习步伐，及早地吸取经验教训，同时不断地更新规章制度和监管标准，这样就能使整个金融业保持一个健康的发展方向。

罗伯特·希勒教授在《金融与好的社会》里也说到，金融体系应该扩大化、民主化和人性化，监管更加技术化，但谁也不应该拒绝金融和它新的形态。这是金融为好的社会所能贡献的[①]。

二、互联网金融的范畴

关于互联网金融的范畴，有很多种说法。有六大分类，也有十大分类。六大分类分别是第三方支付和虚拟货币、P2P借贷平台、众筹平台、传统金融的互联网改造、大数据金融征信和用户分析、金融门户。十大分类是在六大分类的基础上把传统金融的互联网改造各项单独分出来，所以就多出来好几项。包括三方支付和虚拟货币、P2P借贷平台、众筹平台、互联网银行、互联网保险、互联网证券、互联网基金、互联网理财、基金大数据金融征信和用户分析、金融门户这十大类。

最近网上流行的阿里系蚂蚁金融PPT把分类进一步细化，包括：第三方支付、网络银行、P2P借贷平台、众筹平台、网络资产交易平台、网络微贷、网络基金、网络证券、其他网络理财、财富管理、网络保险、网络征信、金融产品搜索引擎及其他。从这个分类中不但能看到互联网金融的"全家福"，同时还能看出各种类别影响力所占的比重。分类中有一个"其他"，相信今后大量的创新都会从"其他"中不断涌现出来，一统江湖（见图1-1）。

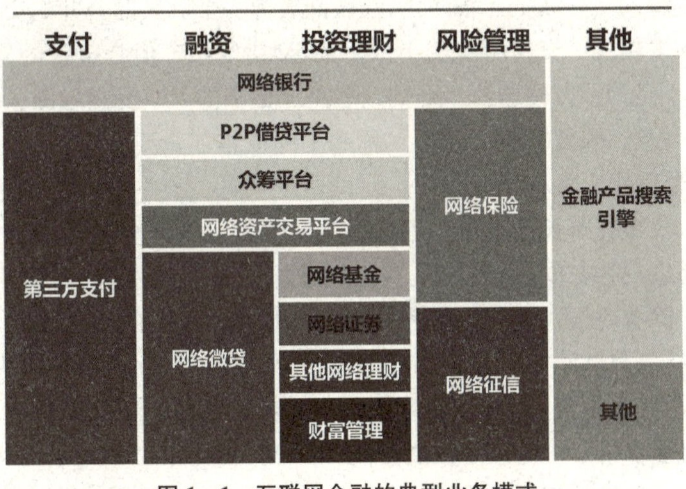

图1-1 互联网金融的典型业务模式

① 李钧.互联网金融是什么[N].第一财经日报，2013-3-15.

三、传统金融模式与互联网金融模式的比较

简单介绍一下两种金融模式。一是传统金融模式，连接储蓄存款人和借款人的是金融中介和金融市场；二是互联网金融模式，供求双方通过互联网市场进行各种交易，包括期限匹配、数量匹配、风险定价、各种契约等，都可以直接成交①(见图1-2)。

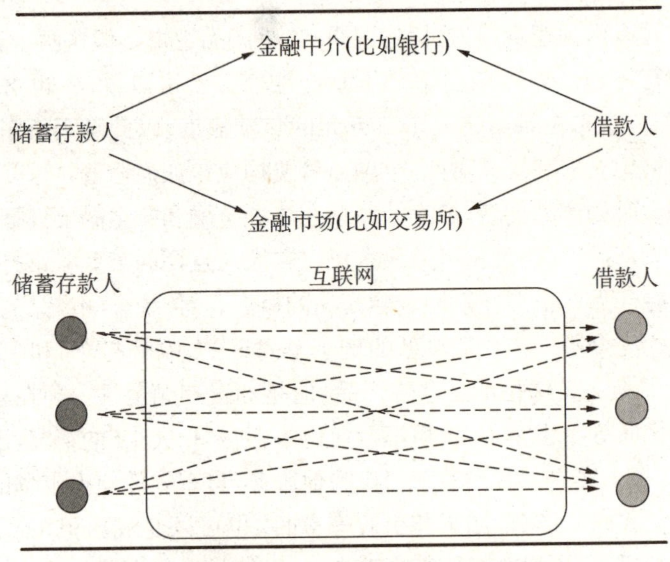

图1-2 传统金融模式和互联网金融模式比较

传统的金融产品创新主要是利用金融工程技术和法律手段，设计新的金融产品。部分新产品具有新的现金流、风险和收益特征，能够实现新的风险管理和价格发现功能，从而提高市场完全性，比如期权、期货、掉期等衍生品。传统金融产品创新的理论基础首先是阿罗·德布鲁证券，在完全市场中，每一种未来状态都存在与之对应的单位证券，其他证券都可以表述成这些证券的组合。这是金融证券理论的核心。其次是马可维茨的资产组合理论和布莱克-斯科尔斯期权

① 谢平.互联网金融的基本理论要点[N].21世纪经济报道，2014-3-10.源自 http://tech.163.com/14/0310/01/9MUJOATJ00094OET.html

定价公式。

互联网金融创新主要是指互联网技术和精神对金融交易和组织形式的影响。金融的核心功能不变，金融契约的内涵不变，金融风险、外部性等概念的内涵也不变。目前整个国内金融业的交易费用大约 4 万多亿元，占 GDP 的 7%，主要构成是金融业的税收、利润、工资等。在互联网金融市场中，交易可能性边界拓展，金融的交易成本和信息不对称程度大幅下降，金融的民主化、普惠化特征显现。因此，比较两者可以发现，两类金融创新的理论逻辑和创新路径不同，隐含着的关键问题——监管难度由此产生。

金融监管有两种逻辑：一是机构逻辑；二是产品逻辑。但这两个逻辑在互联网金融领域行不通。如京东白条是不是金融产品？可以说是，也可以说不是。因为不计利息，京东白条给每人 1.5 万元的贷款额度，以此购买京东商品，而后从商品的价格中获取利润。对此，金融监管机构应该如何监管？

互联网金融的产品创新，最大的妙处在于把金融和非金融要素捆绑在一起。腾讯收购了大众点评，假设腾讯的股东可以在大众点评的某些餐馆打折点餐，这算不算是金融产品？很多互联网金融产品的概念，与传统金融产品的流动性、收益性风险概念完全不一样。最典型的例子是腾讯的“嘀嘀打车”和阿里的“快的打车”软件，很难定义这是不是金融产品，但是却很有颠覆性。现在机场的旅客下飞机不用排队等出租车了，出租车行业也不存在“扫大街”的情况，出租车有了固定的客户，每个客户也有出租车司机为他服务，打车软件使得市场的交易结构发生了变化。将来，私家车如果装上打车软件，也可以变成出租车，每个人可以通过市场自行拼车，出租车行业则将消失，这可能是未来发展的趋势。汽车的使用效率大幅提高，对新车的需求大幅度下降。也就是说，照此发展下去，打车软件可能会将车与人、车与车的匹配等市场信息结构完全改变。所以，互联网对金融市场的演变将有颠覆性的影响。

举个例子，互联网金融的很多创新产品都与 APP 有关，与具体生活联系在一起。金融产品创新，比如资产证券化以及衍生产品，总是复杂而高不可攀。而互联网金融的创新产品简单化、实用化、软件化，自适应生成，并强调行为数据的应用，在一定程度上体现了共享原则，比如余额宝、打车软件、京东白条、P2P 网络贷款、众筹融资等金融产品。还有微信红包，它颠覆了几千年传统的红包概念。这样的产品将越来越多，人们根本无法辨别其金融含义以及与非金融的界定。首先，这些产品是软件，其次，它们是与某一居民消费挂钩的金融产品，不是为了投资设计的资产证券化。更为关键的是，它们的信息结构与传统金融理论的创新路径不同。它们本身就构成了将来的监管难度，从机构和产品角度，人们很难界定应该如何监管。互联网金融的监管难点就在于，它从理论基础上已经开始动摇传统的金融创新以及对金融产品的定价。

在人类历史上，颠覆性技术很长时间才能出现一次。诸如蒸汽机的发明、电的广泛应用等颠覆性技术，大概七八十年出现一次，一个人一辈子能遇到一次已实属难能可贵。但现在互联网金融赶上了颠覆性技术的出现。第一，所有的数据信息数字化。未来，全社会信息中有 90%可能被数字化，这为大数据在金融的应用创造了条件。第二是计算能力的不断提升。第三，网络通信的发展。未来，互联网、移动通信网络、有线电话网络和广播电视网络等将高度融合。如果全球任何地方都有免费的 WIFI，就像现在的收音机一样，那么中移动、中电信等企业可能也要消失了。这三项颠覆性技术的出现，将促成金融理论的突破。互联网金融的发展不取决于金融，而是取决于互联网技术。互联网技术将来会发展到什么程度还无法预知。但是目前这三项颠覆性技术已经出现，对人类的整个生活将产生巨大的变化。其中，互联网金融是它变化的必然结果[①]。

① 谢平，邹传伟，刘海二. 互联网金融手册[M]. 北京：中国人民大学出版社，2014.

第二章

互联网金融发生的背景

在被人们视为“互联网金融元年”的2013年，随着余额宝的大红大紫及“类余额宝”互联网理财产品的风起云涌，互联网金融迅即成为了金融市场的“新宠”。不难发现，互联网金融的孕育、诞生及至异军突起，完全受市场机制的主导，纯属自下而上的市场创新，并无自上而下顶层设计的色彩。考察互联网金融产生的背景，自然也应从市场层面入手。

一、互联网的发展为互联网金融提供了技术支撑

如果说十年前的互联网业与金融业还维系着“井水不犯河水”的默契，两者之间的交集仅体现为互联网业为金融业提供信息管理的解决方案、金融业为互联网业提供融资服务的话，那么如今的互联网俨然成为了金融业的搅局者。互联网因其技术平台、底层架构的特性而被赋予了强大的联接、渗透与融合功能，各种互联网工具也由此催生。

(1) 大数据、云计算是互联网金融形成发展的关键，它既能大大丰富中小微客户的商务数据、信用数据，又能迅速完成海量信息的挖掘、分析与处理，大幅度降低征信成本、风控成本、金融交易成本及金融业务的专业化程度。阿里小贷和余额宝作为互联网金融模式的最成功代表，其成功的关键就在于阿里巴巴有着十年的海量客户商务数据的积累以及强大的数据挖掘、分析与处理能力，既能精确把握客户金融服务需求并及时予以批量化处理，又有效控制了风险。

(2) 搜索引擎技术与语义识别智能技术的运用，极大地方便了资金供求双方从海量信息中搜寻到与自身需求相契合的最佳信息，并通过网络自行完成信息的甄别、匹配、定价与交易。

(3) 电子商务平台积累了互联网金融所必须依赖的海量商务数据，构成了互联网金融时代数据红利释放或数据核心竞争力的最重要的可持续源泉，又为互联网金融的形成发展提供了初始契机和应用场景。

(4) 主流的社交网络平台无形中为体量庞大的特定客户群构筑了适宜互联网金融形成发展的生态环境。

(5) 第三方互联网支付平台在带来巨量低成本资金沉淀的同时，为互联网金融的形成发展提供了黏性较好、体验优良的基础资金账户。该主账户既可作为资金管理工具，又可顺势衍生出多样化的互联网金融服务产品，既可以据此“内核”丰富应用场景，又可以实现功能提升，打造一站式金融服务。总之，大数据、云计算、网上支付、社交网络及搜索引擎等互联网工具，为互联网金融的诞生与蓬勃发展提供了强有力的技术支撑。有人说，互联网金融并非互联网与金融业的简单嫁接，而是传统金融的胚胎，在互联网上发育，繁衍出的一个新物种。此话不无道理。

二、中小微企业的融资饥渴为互联网金融预留了生存空间

中小微企业长期患融资饥渴症，折射出我国金融体制根深蒂固的弊端与金融资源配置严重失衡的痼疾。

(1) 我国牌照管理、分业监管、利率管制的金融体制，造就了银行业的制度性优越与集体性垄断，直接导致了信贷资源配置的失衡与低效。例如，大量国企特别是央企等低效实体部门，获得了大量的甚至是过剩的信贷资源，而绝大多数中小微企业，却没有被传统金融服务所覆盖，难以获得充分的信贷资源跟进与有效的资金支持。

(2)“嫌贫爱富”的“二八经验”。在 2002 年前后开启的我国金融业第一波改革浪潮中所形成的“二八经验”——即 20% 的价值客户产生出 80% 的价值——长期为传统金融机构所秉持，这个“二八经验”使得大金融机构与小微企业天生无缘。

(3) 银行等传统金融机构以追求盈利最大化为经营目的，单笔业务规模较大的客户即价值客户能够在带来相同收入的情况下有效摊低人力、物力等金融运营成本和风控成本，利润贡献占比更高。金融资源尤其是信贷资源必然会向大客户倾斜，由此导致对中小微客户的产品种类、服务深度不足。根据阿里巴巴

平台调研数据，约89%的企业客户需要融资，53.7%的客户需要无抵押贷款，融资需求在50万元以下的企业约占55.3%，200万元以下的约占87.3%。

总之，大量中小微企业对信贷资金的渴望，为互联网金融提供了广阔的生存空间；在僵硬的金融体制藩篱未有效冲破的情况下，互联网金融瞄准传统金融机构没有服务好的长尾市场，在一定程度上可以弥补金融资源配置失衡与低效的缺憾，有利于让金融回归服务的本质。

三、民间资本膨胀、投资热点缺乏及实体经济部门金融热情高涨

由于持续多年的经济高速增长和货币超发，我国民间资本迅速膨胀，资金的短期逐利性也随之升温，各路资金急于寻找出路。一方面，宏观经济下行压力加大、实体部门的生产效率下降、资本的边际收益率增长乏力、股市的"赌场"效应、金融投资市场的容纳力有限，使得我国投资热点、投资渠道明显缺乏，大量的沉淀资金苦于没有出路，难以找到有效的投资产品、财富管理渠道或资产配置模式。另一方面，大量的个人储蓄被迫拥挤在银行体系内，获得极低的储蓄收益，根本无法抵消较高的通货膨胀率。在这种情况下，互联网金融因其具有巨大的收益空间、处于金融活动的灰色地带、拥有监管部门相对友好的态度、概念模糊而能够融合众多业态与商业模式、能够抓住具有创新和探索心态的新一代金融消费者等因素或特性，成为了资本追逐的"新宠"。

此外，实体经济部门的金融热情不断提升，在使得传统金融业务的边界变得模糊化的同时，完全有可能高效率地、风险可控地自发提供或发掘金融资源，而不再完全依靠传统的金融机构或资本市场，此举实际上助推了互联网金融的创新。总之，民间资本膨胀、投资热点缺乏及实体经济部门金融热情的高涨，共同为互联网金融起到了推波助澜作用。

四、监管层乐见其成的宽容为互联网金融开辟了绿色通道

三十余年的改革开放实践表明，改革往往容易受到各种既得利益的牵制与羁绊，开放因其独特的倒逼效应、鲶鱼效应可能来得更加直接有效。让民营企业入局，让互联网公司进来，让更多的竞争主体参与市场竞争，以开放促改革，往往对竞争格局的改变、竞争活力的激发能收事半功倍之功效。长期以来，我国的金

融体系改革一直没有停止，但历次改革几乎都无法让体制内的既得利益者伤筋动骨，这是因为传统金融体制的藩篱始终没有完全冲破，传统金融机构所享受的制度性优越始终没有废除。于是，靠吃着丰厚利差的“躺着也挣钱”的银行业甚至还发出“赚钱赚得都不好意思”的感慨也就在所难免了。如今互联网金融公司，从边缘入手，从长尾市场入手，把以前被银行忽视的小微需求通过互联网整合并对接起来，既符合普惠金融的理念，又逐步蚕食银行业的核心业务，还觊觎银行业的核心客户群，既强有力地震撼了银行业的经营理念、运行管理、商业模式，又为银行业带来了久违的危机感。有理由相信，这样的客观效果也是监管层可遇不可求的。果不其然，监管层也表示出了乐见其成的宽容:“互联网金融业在资金需求方与资金供给方之间，提供了有别于传统银行业和证券市场的新渠道，提高了资金融通的效率。互联网金融业依赖大数据分析有助于解决信息不对称和信用问题，提供更有针对性的特色服务和更多样化的产品，交易成本的大幅下降和风险分散提高了金融服务覆盖面，尤其使小微企业、个体创业者和居民等群体受益。”2014 年 3 月“两会”期间，“促进互联网金融健康发展”首次写入了《政府工作报告》，监管层也密集发声，或为互联网金融正名，或力挺互联网金融，关爱、呵护之情溢于言表。

五、资产管理业对低成本渠道的追逐提升了互联网金融的热度

以基金公司为代表的资产管理公司的功能主要在于产品设计和投资研发，一般并不自建营销渠道直面客户，然而，各种掣肘因素或“卡脖子”现象也皆因渠道而起。

(1) 在传统基金销售模式下，基金公司获取客户的成本一直高企，越来越高的尾随佣金吞噬了基金公司的利润空间。Wind 统计数据显示，2013 年上半年，72 家基金公司共计提取管理费用 138.65 亿元，向银行等销售渠道支付尾随佣金 23.97 亿元，尾随佣金整体比例已经高达 17.29%。

(2) 大资管背景下的产品供给会越来越丰富，渠道的优势和议价能力将更加凸显，特别是银行渠道的一家独大，造成资产管理公司的弱势和依附地位。

(3) 资产管理公司产品通过银行和第三方销售渠道进行销售时，销售行为完成后，基金公司只能获得客户姓名、联系方式、产品购买量等简单数据，客户风险评估、资产构成结构等关键数据都掌握在银行手中。总之，如何摆脱银行的渠

道垄断，绕开银行寻求低成本的销售渠道是资管公司的迫切需求。

互联网无疑为资产管理业的“渠道突围”带来了巨大的想像空间。通过与互联网公司的合作，资产管理公司既能大幅降低营销成本，又能直接面对客户，不但能获取用户的关键数据，还可以通过数据的挖掘、分析，开发相应的基于客户需求的多样化理财产品，或以某个主打产品为“内核”，丰富相关应用场景，提升服务功能。余额宝实现了支付宝与天弘增利宝货币基金的无缝对接并获巨大成功，正好印证了这一点，也成就了天弘基金“麻雀变凤凰”的神话。在余额宝模式强烈的示范效应下，我国基金业于2013年下半年纷纷调整战略布局，争先恐后“触网”，或在淘宝开网店，或与互联网巨头结盟，或牵手电信运营商，试图打造一站式集成服务平台。可以说，但凡有用户资源及沉淀资金的地方，都闪现出了基金公司的身影。经过了一轮基金业的“跑马圈地”后，我国公募基金业的资产管理规模也有了新突破。截至2014年4月底，我国公募基金总规模达37 349.22亿元，其中货币基金规模高达1.75万亿元，两个指标均创下历史新高，一改多年徘徊不前的颓势和窘境。总之，基金业的“渠道突围”，推动着互联网金融迅速升温。

综上所述，互联网金融是互联网与金融业深度渗透与融合的产物，是市场自下而上突破现行金融业体制屏障和政策屏障的一种自发创新，是长期以来我国金融体系改革滞后、金融供需严重失衡、金融压抑与金融低效未能根本逆转背景下的一种金融普惠化的尝试，是对让金融回归服务本质诉求的市场化响应①。

---

① 张小健，陈匡明. 试论互联网金融的缘起[J]. 时代金融，2014年第23期.

第三章

中国互联网金融发展的现状

随着互联网工具越来越广泛的应用，在这个信息技术时代传统金融服务已无法满足当代人对资金融通以及支付的需求，于是依托于互联网工具的“互联网金融”便应运而生，并且逐渐发展壮大，我国的互联网金融在近几年的时间里更是得到了迅猛的发展。

相较于传统的金融模式，互联网金融拥有它独特的优势。例如，获取信息更加全面、交易成本相对较低、资源分配广泛等。我国的互联网金融正是利用了这些优势，抓住了时代给予的机遇以及互联网技术发展的契机，在近十年的时间里从企业数量到金融产品广度都得到了巨大的发展。而在取得不错成绩的同时，也要认清我国互联网金融的现状，及时敏锐地发现影响我国互联网金融发展的潜在问题，并找到有效的解决方法，这样才能保障我国互联网金融健康发展。

一、互联网理财市场

自互联网金融“领头羊”阿里巴巴于2013年6月13日推出互联网理财产品“余额宝”以来，诸多电商、互联网企业陆续推出了自己的理财产品，相较于传统金融机构推出的理财产品，这些互联网理财产品在推出初期就凭借着其灵活流动性以及高收益在理财市场出尽风头。根据2014年3月中国青年报社会调查中心对10 234名被访者进行的一项调查显示：在购买互联网理财产品意愿方面，有84.7%的被访者表示购买过互联网理财产品；有66.0%的被访者表示会将银行存款转投互联网理财。在对互联网理财产品的了解方面，有55.4%的被访者并不了解互联网理财产品背后的基金和盈利方式；37.5%的人对要承担的风险不清楚。而在被访者的年龄分布方面，90后占36.3%，80后占36.0%，70

后占 16.7%,60 后占 10.0%,还有 1.0%的人为 50 后及以上。

通过以上调查数据可以看出互联网理财产品已在理财市场中占有一席之地,并且部分银行存款已转移或将转移至互联网理财产品中,这说明在未来一段时间内互联网理财产品仍将对银行存款造成一定冲击。调查数据同时也显现出目前互联网理财产品的受众绝大多数是 35 岁以下的年轻人,这与年轻人更多地接触互联网以及更能接受新鲜事物不无关系。而互联网理财产品要想占领更多的理财产品市场份额仅仅依靠年轻人是远远不够的,如何吸引拥有更强大投资能力的中年人是未来互联网理财产品发展的难题之一。虽然被访者中绝大多数都购买过互联网理财产品,但投资者对于互联网理财产品的投资方向及风险并不了解,这暴露出了投资者的风险意识不强、对产品缺乏了解,这很有可能给一些借助互联网理财产品进行大规模集资的企业提供机会。因此,资金的相关监管问题亟待规范和完善。

以"余额宝"为代表的货币基金类的互联网理财产品在经历了一年半的高速发展后,在 2014 年下半年增速开始放缓。据中国互联网络信息中心数据显示,截至 2014 年 12 月,互联网理财产品用户规模为 7 849 万,较 2014 年 6 月份增长 1 465 万人,在网民中使用率为 12.1%,较 2014 年 6 月使用率仅增长 2 个百分点[①]。随着货币市场化进程的推进,货币基金优势的丧失,依赖于货币基金的传统理财产品发展遭遇瓶颈,随之而来的,将是互联网理财"2.0 时代"的开启,为寻求更高收益,互联网理财产品不仅仅是货币基金范畴,将更多地对接保险理财、票据理财、P2P、众筹等领域,互联网金融开始朝着更加契合用户需求,个性化理财制定的方向发展。

二、互联网第三方支付

第三方支付是由第三方支付公司替代客户与商业银行建立联系并进行清算的一种支付方式。目前在互联网小额交易中这种支付方式已被广泛使用,它在满足小额支付需求的同时还可以起到信用担保的作用。我国的第三方支付产品主要有以支付宝、易宝支付、拉卡拉、财付通为代表的互联网支付企业和以环迅、

---

① 数据为证:余额宝们已经不行了[EB/OL]. http://news.mydrivers.com/1/390/390509.htm, 2015-2-13.

快钱、汇付天下为代表的金融型支付企业。根据 iResearch 艾瑞咨询统计的数据显示，2013 年第三季度我国第三方互联网支付市场交易规模已达 14 205.8 亿元。

随着第三方支付产品队伍的不断壮大以及交易规模的不断扩大，一些不容忽视的问题也日益凸显，这些问题制约着第三方支付产品的发展。首先是资金风险问题。2014 年 3 月 13 日央行发文暂停了第三方支付平台中的二维码支付和虚拟信用卡业务，并表示此举意在防控风险。同时央行也表示鼓励互联网金融创新的政策不会改变，但也要予以适度监管，其中网络支付应坚持小额支付的原则。

除了央行已发文暂停的业务存在风险外，由于在使用第三方支付产品时需要输入或验证许多涉及资金账户的信息，如果该类信息被缺乏监管或存在问题的第三方支付企业泄露或利用，将造成个人信息的泄露，甚至经济损失。其次是道德风险问题。互联网第三方支付不仅仅涉及资金与信息的安全，由于使用第三方支付平台交易具有匿名性和隐蔽性等特点，这也给资金非法转移、洗钱、套现等非法活动创造了可能。为防控以上风险，目前我国主要是用发放第三方支付牌照的方式对第三方支付产品进行规模控制和资格审查。按照规定，第三方支付机构必须取得央行颁发的《支付业务许可证》才能向用户提供支付服务。这相当于在市场的入口设置了“安检”，在一定程度上控制了第三方支付的风险。

三、互联网信贷

我国目前的互联网信贷主要通过 P2P 方式进行。P2P 网络信贷是指投资者通过互联网平台将资金借给有资金需求的借款者，并通过网贷公司提供的平台自由竞价撮合成交。采用 P2P 方式借贷快捷、便利。在一般银行贷款需要接受苛刻的贷款申请条件、提供繁复的材料准备，并且等待审批的时间长，而 P2P 金融服务相较银行贷款优势要明显得多。截至 2015 年 1 月我国已有人人贷、拍拍贷、人人聚财、陆金所、微贷网等两千余家 P2P 网络借贷平台。

与互联网第三方支付相似，P2P 网络信贷也同样存在风险，由于网络交易的虚拟性，在交易时对于借贷双方的资信情况很难进行认证。因此，与传统信贷方式相比，互联网信贷更容易产生欺诈以及不归还欠款等违约纠纷。此外，互联网信贷还面临着被黑客攻击以及网络病毒等问题，这很容易引起借贷双方的资金损失，还可能影响平台的正常运营。由于目前我国还没有出台专门针对P2P网络信贷的管理办法，仍需依靠《合同法》《民法通则》等法律对该行为进行约束。因此，在缺乏专业监管与引导的情况下，通过P2P网络信贷借贷的风险仍然较大。

四、互联网保险

2013年9月29日中国保监会对众安在线财产保险股份有限公司进行了开业批复，众安保险获得了保险会审批的国内第一家网络保险牌照，就此拉开了我国互联网保险发展的序幕。我国目前的互联网保险主要是由保险机构通过互联网平台开展保险活动，也有一部分独立的第三方保险网站参与其中。截至2013年底国内经营互联网保险业务的公司已达60余家，规模保费已达291亿元。在互联网保险取得高额回报的同时，据保监会2014年7月公布的2014年上半年保险消费者投诉情况通报显示，开创互联网保险先河的众安在线财产保险股份有限公司在上半年的亿元保费投诉量在财产险公司中是最多的。投诉的主要原因包括客户对于定损的价格有异议、对理赔的时效不满意以及对拒赔的原因不认可等。由于网络的虚拟性，互联网保险公司与保户间的沟通都是通过这个虚拟的平台进行的。因此，保险公司对保户的评估以及对保户进行保险条款的告知等都要求保险双方拥有更强的自觉性。此外，由于目前一些互联网保险企业属于中小保险企业，其偿付能力有限，这就增加了投保人所承担的风险。

为了降低互联网保险的风险、规范互联网保险市场，相关部门需要在加强监督、完善管理等方面做大量工作。在2014上海新金融年会上，保监会副主席陈文辉表示“互联网保险具有互联网和金融的双重属性。因此，如何在两者之间建立平衡的规则，是互联网保险监管面临的挑战。”据了解，目前监管层正在酝酿互联网保险的监管办法。他认为互联网保险的监管应该在鼓励和包容的同时，坚持底线思维、坚持一致性监管原则、坚持保护消费者权益。

五、股权众筹

为拓展中小微企业直接融资渠道，促进创新创业和互联网金融健康发展，提升资本市场服务实体经济的能力，2014 年 12 月 18 日，中国证券业协会出台《私募股权众筹融资管理办法(试行)(征求意见稿)》，这是互联网金融领域的首部监管办法。股权众筹平台是指提供互联网平台，方便众筹融资双方进行需求的对接。近年来，互联网金融公司高速发展，但由于参与者众多，其行为得不到有效监管，由于这一行业的增速极快，首部监管办法的出台将极有力地推动下一阶段更细化的互联网金融行业管理办法的出台。

对于这一管理办法，我们认为该办法强调了众筹的风险，要求投资者要防范风险。众筹投资的具体方式是为非上市公司的股权进行投资，并将单笔大额投资拆分，通过众筹的方式募集资金。股权融资的特点是不保底，因而众筹的投资者的风险承受能力比 P2P 这类提供债券融资服务的平台要高。这一管理办法，最受益的是一些综合金融互联网站。具体来看，是已经在客户浏览量和市场份额上占据一定优势的互联网金融平台。

通过以上的现状分析不难看出互联网金融使金融借助互联网科技得到了更加广阔的发展，同时也将互联网的特性注入到了金融中，这些特性既可以促使金融产品更加完善，但也带来了一些新增的风险。因此，更需要专业部门制定规范的行业标准以及进行有效的监管，这是我国互联网金融健康发展的保障，也是我国互联网金融亟待解决的问题[①]。

① 赵晶晶. 中国互联网金融现状[J]. 经营者，2014(7).

第二篇
互联网金融模式概述

互联网金融持续火爆的今天，为了对互联网金融的模式做一个清晰的界定，笔者从 2012 年开始，通过持续对互联网金融领域企业进行调研，深度解析互联网金融相关资讯，并对互联网金融创新产品、现象进行认真研究，最终系统梳理出第三方支付、P2P 网贷、众筹、大数据金融、互联网金融门户、传统金融互联网化等六大互联网金融模式，下面逐一为您解析。

第四章

第三方支付

一、什么是第三方支付

第三方支付是一个有点“绕”的定义，因为其概念与实际其实有些不对应。理论上交易双方以外的一方就是第三方，如果在购买时，一手交钱，一手交货，就没有第三方支付什么事了。但是在经济社会中有大量的交易是通过第三方支付的，最常见的就是购买时刷卡，通过银行付钱给卖方。请注意，虽然银行在以刷卡形式帮助完成交易过程中干的就是第三方支付的事情，可是银行从来就没有被定义为第三方支付机构。央行和银监会没有这样的定义，银行也从来不承认自己是第三方支付机构。那么到底谁是第三方支付机构？央行在 2010 年制定的《非金融机构支付服务管理办法》明确“第三方支付”就是“非金融机构支付”，它包括：网络支付、预付卡的发行与受理、银行卡收单，以及央行确定的其他形式的支付服务。

第三方支付之所以被互联网金融看成是一个重点，就是指当前最有影响力的第三方支付都是互联网支付，如支付宝、财付通、微信支付，以及国外的 PayPal 等。

有人把银联也拉进“第三方支付”的概念中，这是不对的。银联是中国银行卡联合组织，是银行卡跨行交易清算系统，其功能是实现商业银行系统间的互联互通和资源共享，保证银行卡跨行、跨地区和跨境的使用是信用卡跨行结算。但是你可能会问，为什么我听说银联也拿了第三方支付的牌照了呢？你说的“银联”，应该是“银联商务”和“银联在线”，这两家机构可不是“银联”，而是银联设立的第三方支付平台。

一直以来，第三方支付是在银行监管下保障交易双方利益的独立机构。第三方机构与各个主要银行之间签订有关协议，使得第三方机构与银行可以进行某种形式的数据交换和相关信息确认。但是谁知道呢？互联网金融一天一个变化，信用支付的出现使得第三方支付机构甩开银行信用卡成为可能。不知道明天又有什么新花样。

根据央行《非金融机构支付服务管理办法》明确“第三方支付”包括互联网支付、移动电话支付、固定电话支付、数字电视支付、预付卡发行、预付卡受理、银行卡收单共七项业务。

二、第三方支付的成长史

1. PayPal

谈第三方支付，必须先谈 PayPal。PayPal（在中国的品牌为贝宝），是美国 eBay 公司的全资子公司。1998 年 12 月由 Peter Thiel 及 Max Levchin 建立，前身是一家总部在美国加利福尼亚州圣荷塞市叫做 CNFINITY 的因特网服务商，允许使用电子邮件来标识用户之间的转移资金，避免了传统的邮寄支票或者汇款的方法。2000 年推出 PayPal 的转账系统，马上被硅谷的神奇小子埃隆·马斯克（Elon Musk）看好并收购。埃隆·马斯克全力发展这个产品，并将其推荐给 eBay 成为其网上支付的工具。2002 年 PayPal 成功上市，同年被 eBay 以 15 亿美元收入囊中。虽然当时有很多投资家都认为这个收购价格 eBay 吃了大亏，但是事后证明这个收购对 eBay 是非常划算的，eBay 也因此成就了 2 000 倍的增长[①]。

支付流程：通过 PayPal 付款人欲支付一笔金额给商家或者收款人时，可以分为以下几个步骤：

（1）只要有一个电子邮件地址，付款人就可以登录开设 PayPal 账户，通过验证成为其用户，并提供信用卡或者相关银行资料，增加账户金额，将一定数额的款项从其开户时登记的账户（例如信用卡）转移至 PayPal 账户下。

（2）当付款人启动向第三人付款程序时，必须先进入 PayPal 账户，指定具体的汇出金额，并提供收款人的电子邮件账号给 PayPal。

（3）接着 PayPal 向商家或者收款人发出电子邮件，通知其有等待领取或转

---

① 来自 PayPal 模式的百度百科词条。

账的款项。

(4) 如商家或者收款人也是 PayPal 用户，其决定接受后，付款人所指定之款项即移转给收款人。

(5) 若商家或者收款人没有 PayPal 账户，收款人得依 PayPal 电子邮件内容指示连线站进入网页注册取得一个 PayPal 账户，收款人可以选择将取得的款项转换成支票寄到指定的处所、转入其个人的信用卡账户或者转入另一个银行账户。

从以上流程可以看出，如果收款人已经是 PayPal 的用户，那么该笔款项就汇入他拥有的 PayPal 账户，若收款人没有 PayPal 账户，网站就会发出一封通知电子邮件，引导收款者至 PayPal 网站注册一个新的账户。所以，也有人称 PayPal 的这种销售模式是一种“邮件病毒式”的商业拓展方式，从而使得 PayPal 越滚越大地占有市场。

2. 中国的互联网支付

中国的第三方支付产业早在银联网关之前就已建立，如北京地区的首信易支付，属于早期的互联网支付网关企业，主要业务在北京地区，其二级结算模式为中国在线支付的首创。但并未获得如支付宝般的成功，一方面由于首信易支付自身的原因，属于半官方机构，商业运作能力相对较弱，另一方面则是由于首信易支付建立时独立的第三方产业背景的原因[①]。

网上银行功能是第三方支付得以迅速发展的基础。2002 年前，各大商业银行的网络银行业务在不断发展完善之中，并且各自向商家提供不同规范的支付接口。由于当时金融机构统一集中还在进展之中，商业银行的多级结构为商家和消费者造成了诸多不便。2002 年 3 月，中国银联的成立解决了多银行接口继承的问题，地方银联有条件向商家提供多种银行卡在线支付接口，使异地跨行的网上支付成为可能，消费者的 PC 作为虚拟终端，通过 Web 页面输入银行卡账号与 ATM 密码即可实现网上支付。

2005 年中国第三方支付实现了飞跃式的增长，规模达到了 152 亿元人民币。政策的日益完善和计算机的普及是中国第三支付市场快速发展的主要因素。2005 年中国网民突破 1.1 亿，宽带普及率超过了 44.5%，接入计算机终端超过 4 000 万台，中国电子商务基础设施条件相应成熟，电子商务安全认证体系

① 易观国际:《中国第三方在线支付市场年度综合报告》。

基本形成。同时,《电子签名法》的实施使得支付活动有法可依。

之后,随着支付宝、易宝、财付通等多家实力强劲的第三方支付厂商的逐步加入,首信易支付、ChinaPay(银联在线)和上海环迅三家中国第三方支付产业中的先进入者面临了日益严峻的竞争环境。

三、第三方支付的发展现状

1. 第三方支付要央行的牌照

根据央行2010年9月实施的《非金融机构支付服务管理办法》第三条规定:非金融机构提供支付服务,应当依据本办法规定取得《支付业务许可证》,成为支付机构。支付机构依法接受中国人民银行的监督管理。未经中国人民银行批准,任何非金融机构和个人不得从事或变相从事支付业务。根据央行的统计,截至2014年7月,共有269家机构申领了《支付业务许可证》,其中包括了阿里巴巴、腾讯、百度、京东这些传统互联网大鳄,也包括中兴、TCL、用友等非互联网公司,当然还有银联。

获得央行的牌照不是一件容易的事情,如果申请全国性的牌照,注册资本最低限额要1亿元人民币,同时对专业人员、设备设施、系统都有要求。有人展示仅仅申报材料的目录就有3~4页。

2. 支付中的货币转移还是要通过银行

央行《非金融机构支付服务管理办法》第四条规定:支付机构之间的货币资金转移应当委托银行业金融机构办理,不得通过支付机构相互存放货币资金或委托其他支付机构等形式办理。支付机构不得办理银行业金融机构之间的货币资金转移,经特别许可的除外。这也可能是支付宝搞的信用支付(也叫虚拟信用卡)被叫停的原因。

3. 增长迅速

据易观国际和艾瑞的数据,第三方支付的总额2010年为5.1万亿,2011年为8.4万亿,2012年为12.4万亿,2013年17.2万亿,预计2014年全年为23万亿。如果单独计算互联网第三方支付,增长的速度更快,2010年互联网第三方支付仅为1万亿,而2014年互联网支付加上手机互联网支付可以超过8万亿规模。

4. 竞争非常激烈

多数的第三方支付都是为自己的商业服务的，但是支付额排在前边的几家，特别是支付宝和微信支付、银联在线等提供公共支付平台的几家，斗得非常厉害。如果包括线下，银联商务最大，约占40%以上的份额，主要是收单业务。如果到了线上，支付宝和微信支付是一对宿敌。在PC端，支付宝是绝对的老大，40%以上的第三方支付份额都是挂在它的旗下，然而微信支付在2014年的几个动作，让支付宝倍感焦虑。马化腾的腾讯在网络购物市场里采用腾讯过去惯用的先跟随、后斩杀的策略，但是遗憾的是拍拍抄淘宝没抄好，财付通在腾讯Q币的强需求的支撑下才渡过最艰苦的岁月，电商的诱惑是马化腾多年来一直无法抗拒的。在拍拍、QQ商城之后，腾讯收购了3C起家的易迅网，全力推进易迅网的发展，目前易迅已经成为一个有足够张力与天猫、京东、苏宁等长期抗衡的电商站点。

在PC端上腾讯虽然输掉了电商支付，但腾讯缺少的不是能力，而是一个支付体验便捷、用户规模庞大的崭新场景，微信打下移动江山之后，腾讯电商消费类支付有了战略翻盘的历史性机遇。微信已经数亿的用户规模，而且活跃度极高，取代了短信作用，这种普及力度甚至超过支付宝在PC端的普及程度，一旦微信找到微信支付规模化应用的最佳策略，支付宝就很容易被边缘化，这并不是危言耸听①。

最近一年里，支付宝在近乎疯狂地推广他们的支付宝钱包，阿里系推出微淘、千牛、来往等一系列移动端工具，抢占移动支付的市场地位是阿里的重要防守战，阿里自己明白支付宝在其战略中的位置，一旦支付宝败阵下来，阿里就会节节败退。

除了市场份额排在前边的10～15家以外，其他的支付平台的日子都不太好过，日常运营费用一年要5 000万以上，这就要求每年做的支付额要600亿以上才能保本。这就需要自己的商业帝国支付额要大，如果是为其他商家提供支付服务，小商家的支付额度凑不出足够的量，大客户的议价能力很强，让支付平台没有利润可赚。

① 柳华芳.微信支付 vs. 支付宝——战争的核心在哪里？[EB/OL].钛媒体 http://www.itmsc.cn/archives/view-31774-1.html，2013-11-18.

四、第三方支付重点机构分析

1. 支付宝

支付宝(www.alipay.com)[①]于2003年10月在淘宝网推出,是目前最具知名度且使用最为广泛的第三方在线支付平台。支付宝服务由支付宝(中国)网络科技有限公司提供,隶属于阿里巴巴集团。

2010年网上零售市场发展迅速,团购网站爆发性的增长以及电子商务平台多轮的大规模促销,为支付宝这一国内最大的第三方支付平台带来了更大的交易规模和用户数量。除此之外,支付宝在航空、游戏、公共事业缴费、生活服务等细分领域拓展力度的提高,也为其保持高市场份额做出了重大贡献。截至2010年底,支付宝的注册用户数已超过5.2亿,在面向个人用户的支付应用领域占据了绝对优势。

支付宝的优势是:用户规模大、用户黏性高、品牌知名度高、应用创新能力强、市场开拓能力强、阿里巴巴集团资源支持。

支付宝的问题是:移动端不太强、账户支付模式的安全隐患、淘宝平台和支付宝客户的竞争关系、信用卡支付的套现瓶颈、账户支付可能的政策风险、银行合作态度的变化。

易观国际的研究认为,支付宝初期依托淘宝平台快速发展,在具备了大量的用户规模后迅速拓展了淘宝以外的支付业务。支付宝创造了中国网上零售市场中介式的交易模式,培养了中国网民第三方在线支付的使用习惯,成为了中国网民使用互联网的基本应用之一。

支付宝大事记:

2003年10月　淘宝网首次推出支付宝业务。

2004年12月　支付宝(中国)网络科技公司成立。支付宝网站正式上线并运营。

2005年2月　推出全额赔付制度。

2005年3月　与工商银行达成战略合作协议。

---

① 支付宝的百度百科词条。

2005年4月 与国际VISA组织达成战略合作协议。

2005年6月 与招行达成战略合作协议。“你敢用,我敢赔”正式对外部网站开放。

2005年12月 支付宝认证升级,新增建行、农行、兴业、民生、浦发、深发取现认证。

2006年3月 支付宝数字证书发布。与中国农行签署战略合作协议。

2006年6月 工行总行为支付宝出具《客户保证金交易托管报告》。

2006年11月 支付宝龙卡发行,同时推出“卡通”业务。

2006年12月 与中国邮政合作推出“e邮宝”。

2007年1月 支付宝第二代数字认证证书发布。

2007年4月 与西班牙饮品公司瑞尔普威合作首度尝试异业营销。

2007年8月 在香港宣布将联合中国建设银行、中国银行一起扩展海外业务。

2007年9月 与国内最大网络游戏交易平台5137.com达成战略合作协议。

2007年10月 与京东商城达成战略合作协议。

2007年12月 与美国咨询顾问公司PSP达成战略合作协议,开拓北美业务。

2008年1月 与中国建设银行合作推出卖家小额信贷。

2008年2月 宣布移动电子商务战略,开通手机支付。

2008年5月 注册用户达到8 000万。与平安保险合作,尝试以第三方支付方式参与灾区理赔。

2008年6月 与澳大利亚在线支付商paymate合作推出“海外宝”。支付宝推出语音支付功能。

2008年7月 与巨人网络达成战略合作协议。与戴尔电脑达成战略合作协议。与卓越亚马逊达成战略合作协议。

2008年10月 支付宝公共事业缴费业务开通。

2008年11月 宣布升级信任计划并推出“信任标识”。

2009年10月 支付宝安全策略中心建立。

2009年2月 推出移动安全证书产品“支付盾”。

2009年3月 与日本tenso国际物流合作,为消费者提供跨境物流。

2009年6月　宣布推出网络购物券。支持win7数字证书发布。

2009年8月　推出信用卡大额支付业务。

2009年9月　支付宝正式推出基于Symbian S60 V2、V3机型的支付宝手机客户端软件，同时推出的还有升级后的Windows Mobile版客户端。

2009年10月　支付宝与立佰趣(中国)有限公司达成合作。上海支付宝用户可通过指纹支付方式进行支付。

2010年4月　阿里集团宣布未来5年内继续向支付宝投资50亿元人民币。

2010年5月　支付宝与中国建设银行就信用卡网上大额支付达成合作，不再受单笔单日500元限额。

2010年7月　针对商户应用的商家服务平台(b.alipay.com)正式诞生。

2010年9月　与当当网达成合作，至此，国内B2C购物领域支付宝基本实现100%覆盖。

2010年10月　支付宝与来自手机芯片商、系统方案商、手机硬件商、手机应用商等60多家厂商联合成立“安全支付产业联盟”，并针对移动互联网发布业内新一代的无线支付产品——“手机安全支付”。

2010年11月　推出针对非淘宝用户的独立担保交易模式。

2010年11月　启动针对用户的“聚生活”战略，即建设无形的开放平台，让随处可见的支付承载生活服务和应用。

2010年12月　支付宝与中国银行联合推出——信用卡快捷支付。

2010年12月　发布通用积分产品——积分宝，实现不同公司积分兑换。

2011年5月　支付宝获得央行颁发的国内第一张《支付业务许可证》(业内又称“支付牌照”)。

2013年6月　余额宝上线。

2013年11月　支付宝手机支付用户超1亿，“支付宝钱包”用户数达1亿，支付宝钱包正式宣布成为独立品牌。

2013年11月　12306网站支持支付宝购买火车票。

2013年12月　支付宝实名认证用户超过3亿。

2014年2月　余额宝用户数突破8 100万。

2014年3月　支付宝每天的移动支付笔数超过2 500万笔。

2014年12月　支付宝线下“双十二”营销活动，向银联宣战。

2. 财付通

财付通(www.tenpay.com)[①]于2005年10月推出,为腾讯旗下第三方支付平台。作为在线支付工具,财付通在B2C、C2C在线交易中,起到了信用中介的作用,同时为CP内容提供商、SP服务提供商提供在线支付通道以及统一的计费平台。

依靠腾讯自身业务的交易规模和部分外部商户的交易量,使财付通拥有较高的市场份额,2010年财付通在航空、大额付款、信用卡还款、公共缴费等重点应用成立专门团队运营推广后,交易额大幅提升。此外,财付通2010年度推出的生活应用开放平台,通过产业链资源的整合,为财付通的发展增加了强劲的动力。

财付通的优势是:移动端依靠微信平台,现有用户规模大,潜在用户规模大,用户黏性高,拥有产品价格优势,腾讯多项业务支持,客户服务质量较好,同时,网民规模的快速扩张,网上零售和电子商务的快速发展,传统企业互联网化大趋势对第三方支付需求的快速增长也给了财付通很好的发展机会。

财付通的问题是:销售及分销渠道较少,品牌整体创新能力有待加强,非独立经营实体的资源和环境限制,客户规模有待扩大,行业监管日趋严格的政策性风险,面临同业支付宝等产品的竞争。

易观国际的研究认为,财付通的发展初期拥有较好的资源,腾讯旗下的各项业务为财付通提供了大量的独占市场,财付通依靠拍拍网和腾讯的各项其他业务迅速获得了一定的用户和交易流水。另外,财付通在支付产品创新方面具有一定的领先性,但市场执行和推广方面为其短板,这也是未能在该市场获得领先的主要原因之一。

然而,微信支付的出现,使财付通的潜力令世人刮目相看。微信支付是微信与财付通联合推出的移动支付创新产品,旨在为广大微信用户及商户提供更优质的支付服务,微信的支付和安全系统由腾讯财付通提供支持,财付通是持有互联网支付牌照并具备完备的安全体系的第三方支付平台。

财付通大事记:

2005年9月 财付通在线支付平台正式推出。

2006年3月 推出变革性的网上支付新功能——“财付通—银行卡—点

① 财付通百度百科词条。

通”功能。

2006 年 6 月　推出“财付通充值 Q 币电话支付”新模式。

2006 年 12 月　通过中国国家信息安全测评认证中心的安全认证。

2007 年 1 月　推出商户自助申请系统，大大降低了用户接入的复杂程度。

2007 年 3 月　推出邮箱账户，用户可以通过邮箱注册财付通个人账户。

2007 年 10 月　与国内知名的社区软件服务商 PHPWind 达成战略合作协议。

2007 年 12 月　正式推出用户个人数字证书服务。

2008 年 5 月　与神舟电脑达成全面战略合作协议。

2008 年 8 月　与中国电信四川公司、江西公司等达成网上缴费充值合作。

2008 年 9 月　开始推广财付通广告互换平台。

2008 年 11 月　首创上门收款充值模式。开通手机支付功能。

2009 年 1 月　推出“零花钱计划”，通过个人博客、空间投放财付通商户广告。

2009 年 4 月　推出信用卡跨行还款业务。

2009 年 5 月　推出企业网上大额付款服务。

2009 年 9 月　宣布游戏账户正式上线，成为国内第一家支持微支付的第三方支付公司。开通公共事业缴费平台，正式开通生活缴费业务。

2010 年 7 月　财付通推出开放平台战略，发布超过 100 款第三方生活应用，聚集了 6 000 个第三方开发者。

2010 年 8 月　财付通企业大额付款、信用卡还款、公共缴费等重点应用在成立专门团队运营推广后，交易额大幅提升。

2010 年 9 月　在年中成立独立航空解决方案团队，在航空公司直连 B2B 和代理人。

2011 年 3 月　财付通联合 QQ 彩贝创新推出混合支付，财付通与直销行业龙头企业玫琳凯实现合作，开始直销行业深度合作。

2011 年 5 月　财付通获得第三方支付牌照，成为第一批获得央行支付牌照的企业。

2012 年 4 月　财付通获得基金支付牌照。

2012 年 6 月　财付通与中国人寿实现战略合作，深度运营保险行业。

2013 年 8 月　联合微信，发布微信支付，强势布局移动端支付。

3. ChinaPay(银联在线)

银联电子支付服务有限公司(ChinaPay)①是中国银联控股的银行卡专业化服务公司,成立于2002年6月,拥有面向全国的统一支付平台,主要从事以互联网等新兴渠道为基础的网上支付、企业B2B账户支付、电话支付、网上跨行转账、网上基金交易、企业公对私资金代付、自助终端支付等银行卡网上支付及增值业务。由于ChinaPay固有的体制问题,使得市场拓展能力和服务质量阻碍其发展,央行2号令对于第三方支付行业法律地位的认可对ChinaPay的公信力优势具有削弱作用,2010年ChinaPay的市场业绩出现下滑。

ChinaPay的优势是:银联控股的强大品牌,银行、银联的强大资源,产品、应用齐全,安全性较高,基金交易等市场的垄断权力。同时,网上零售和电子商务的快速发展,传统企业互联网化大趋势对第三方支付需求的快速增长也给了它足够的成长空间。

ChinaPay的问题是:在线支付产品较为单一,在线支付客户规模较小,结算周期较长,客户服务质量有待提升,在线支付领域,移动支付领域等中小企业的竞争压力。

ChinaPay为多元化第三方支付服务商,其品牌和影响力是其他同业服务商无法匹敌的,但是互联网在线支付并非其核心业务,其在该领域的投入有限,因此其市场竞争力未有明显提升,业务规模的增长主要依靠基金在线支付服务等拥有垄断权力的市场来推动。

2010年央行发布《非金融机构支付服务管理办法》,第三方支付行业的监管逐步明确,获取支付许可证的门槛对于规模较大的第三方支付企业而言并不高,监管政策加强了第三方支付企业的信心,也增强了行业用户对于第三方支付企业的信任。因此,ChinaPay并未能依靠自身背景获得更多的业务,此外,ChinaPay的创新能力和业务拓展能力都略显不足,市场份额出现较大下滑。

4. 快钱

快钱是快钱支付清算信息有限公司开发的独立第三方支付工具,于2005年1月正式开始上线,旨在为各类企业及个人提供安全、便捷和保密的综合电子支付服务。2014年底,被万达集团收购控股,但仍保持独立运营。快钱是支付产品丰富、覆盖人群广泛的电子支付企业,其推出的支付产品包括但不限于人民币

---

① 易观国际《中国第三方在线支付年度综合报告》。

支付、外卡支付,神州行支付,代缴/收费业务,VPOS 服务,集团账户管理等众多支付产品,支持互联网、手机、电话和 POS 等多种终端,满足各类企业和个人的不同支付需求。

快钱总部位于上海,在北京、广州等地设有分公司。公司拥有由互联网行业资深创业者、优秀金融界人士和顶尖技术人员所组成的国际化管理团队,在产品开发、技术创新、市场开拓、企业管理和资本运作等方面都具有丰富的经验。出众的执行力和快速的发展使得快钱获得了硅谷大型风险投资基金的风险投资,并于 2006 年荣获第三届中国国际金融论坛十佳中国成长金融机构殊荣。

快钱属于第三方支付市场的新进入者,其依托互联网发展的经验以资本的推动快速提升规模,但受限于没有支付宝和财付通的优势平台资源,其快速积累的用户规模并没有得到有效的回报,但快钱的快速市场执行力得到了充分的体现。2010 年,快钱逐步将业务重点放在细分市场进行差异化的竞争方式,保险行业首当其冲。

快钱作为该市场较晚进入的企业,其以互联网商业模式的发展路径为特征,依靠投资推动规模的快速发展,其业务推广能力在行业中处于领先,商户规模获得快速的增长。但由于其在个人用户端难以形成规模的活跃用户,因此也限制了其业务的均衡发展。中国第三方在线支付市场的规模十分巨大,尤其是广大的传统行业仍然有巨大的拓展空间。定位于行业解决方案的快钱未来发展潜力仍然很大。

快钱大事记:

2005 年 1 月　国内首家基于 E-mail 和手机号码的综合支付平台正式上线。

2005 年 6 月　开通国际 Visa 和 MasterCard 在线交易功能,服务覆盖全球 30 亿张银联和国际银行卡。

2005 年 7 月　与百度、搜狐达成战略合作。

2005 年 10 月　推出无线 WAP 支付。

2005 年 12 月　联合众多知名商家推出商品导购平台“快钱推荐”。

2006 年 3 月　获得信息产业部颁发的全网增值业务资质。

2006 年 9 月　联合工商银行,招商银行和民生银行共同推出电话支付服务。

2006 年 10 月　注册商户和用户突破千万。

2007年1月　携手综合网络休闲娱乐服务商联众世界，为其注册用户提供支付服务。

2007年6月　首推硬件加密保障安全设备“快钱盾”。

2007年11月　通过中国信息安全产品测评认证中心的测试评估，获得“信息系统安全认证证书”。快钱2008版上线，新系统构架与国际支付行业标准接轨。

2007年12月　推出一站式信用卡跨行还款服务。

2008年1月　推出新一代电子优惠券。推出升级版WAP支付。

2008年3月　推出电子邮件账单收款，开辟企业收款新渠道。

2008年8月　在国内第三方支付市场首推信用卡分期付款服务。

2009年4月　与商务部中国国际电子商务中心达成合作，参与建设“国家现代服务业服务交互支撑平台”。

2009年5月　与9家保险公司达成战略合作。

2009年6月　与东方航空达成合作。

2009年8月　快钱正式成为中国国际航协开账与结算计划(BSP)信用卡项目的支付合作单位。

2009年11月　快钱与中国平安集团达成合作，并为中国平安开通了“平安甲型H1N1流感保险卡”网上购买通道。

2010年2月　成立反洗钱小组，建立反洗钱监控系统。

2010年6月　进驻南京，在CBD核心区域新地中心开设快钱南京分公司，同时也是快钱位于南京的研发中心。

2010年12月　快钱被评为2010年度《商务周刊》“中国100快公司”之快速成长公司十强，并荣获年度产品创新奖。

2011年　获得第三方支付牌照。

2014年12月　万达集团将对快钱公司进行投资，控股快钱。

5. 环迅支付

环迅支付[①]是中国最早成立的第三方支付企业。2000年公司成立，2011年获颁中国人民银行首批《支付业务许可证》。公司目前可以支持国际主流信用卡

① 环迅支付官网，http://www.ips.com.cn。

及所有国内主流银行的在线支付，为全球超过 60 万家商户及 2 000 万用户提供金融级的支付体验。

环迅支付在为互联网金融机构服务方面表现抢眼，目前全国 1 500 多家 P2P 平台中有 300 多家是环迅支付服务的，占了国内 P2P 市场的最大份额。

环迅支付总部位于上海，在长春、北京、南京、成都、重庆、福州、广州、杭州、天津及深圳均拥有分支机构。为提升客户服务水平，环迅支付不满足于依靠简单的支付产品解决企业的功能性需要，而是通过平台为企业提供金融咨询、清结算、ERP 无缝对接等一系列服务，全面满足企业的财务需求。公司于 2012 年全面升级具有自主知识产权的"一平台、云覆盖"平台系统，完成由支付企业到金融服务企业的蜕变。

"一平台"指的是环迅支付摒弃围绕单一产品研发的模式，业内唯一使用行业领先的 TOGAF(企业开放组体系结构框架)统一架构开发，具备灵活的伸缩性，易于扩展针对各行业的资金解决方案。本平台基于环迅支付 10 多年的支付行业经验，可与网上商城、航空机旅、酒店、外贸、教育、传统企业、供应链、B 端市场等行业需求高度吻合。

"云覆盖"是环迅支付应用的领先互联网云技术，为行业用户提供基于云的支付体验及支付安全防范。目前环迅支付已新建多层网络系统实现反馈式神经网络模型，自主开发了基于场景的交易行为分析系统，利用云技术实时对关键数据进行分析，应对瞬息万变的网络钓鱼和欺诈。并通过硬件加密技术保护数据的安全性，为客户服务器数据开辟专用通道，所有设备符合银监会规范的金融二级标准。在云计算的支持下，环迅支付推出了可供行业共享的安全保护数据库平台。平台服务范围覆盖国内国际银行卡、信用卡的支付安全，使用在线安全支付反欺诈系统，可完成对电子支付信息安全的风险评估，充分保障企业资金安全。

环迅支付大事记：

2000 年　环迅支付成立，成为中国最早从事第三方支付业务的企业之一。

2001 年　环迅支付推出拥有自主知识产权的网关产品——IPS1.0 平台，并在同年成为中国首家支持外卡支付的企业。

2002 年　公司成立国内首个电子支付实验室，推出多项具有国际领先地位的创新支付产品。

2003年 环迅支付率先在业内通过ISO9001：2000的支付企业，并首开中国慈善捐款的先河，为宋庆龄基金会提供免费在线捐款通道。

2004年 环迅支付成为VISA全球电子商务安全计划中国区唯一战略合作伙伴。

2005年 环迅支付成为中国第三方支付行业首个月交易额破1亿元人民币的企业。

2006年 环迅支付转型，从环迅支付开始从单一提供B2C支付转型开始提供企业级资金定制化解决方案。

2007年 为了迎接3G时代的到来，环迅支付推出中国首个移动支付产品。

2008年 环迅支付通过国际支付卡最高安全认证PCI DSS CLASS 1认证。

2009年 环迅支付在业内率先筹备异地灾备中心。同年，公司定制化风险控制平台"航空业反欺诈平台"获得国家软件著作权。

2010年 环迅支付以巨资购入顶级域名www.ips.com，迈出走向国际的坚实一步。

2011年 环迅支付成为中国首批获颁中国人民银行《支付业务许可证》的企业并加入中国支付清算协会。

2012年 环迅支付新一代电子支付平台上线，面向传统行业提供线上线下一体化的整合资金平台。

2013年 环迅支付成为跨境电子商务外汇支付业务试点，环迅支付成为中国首批获VISA QSP认证的第三方支付企业。

2014年 加入上海移动互联网产业促进中心，担任副理事长单位。获得"跨境人民币业务试点"牌照。

6. 汇付天下

汇付天下[①] 2006年7月正式成立，总部设于上海，并在北京、深圳、成都等地设立分公司；公司核心团队由中国金融行业资深管理人士组成，拥有雄厚的资金实力。汇付天下定位于金融级电子支付专业，为重要行业客户快速准确制定支付运营方案。

---

① 汇付天下百度百科词条。

公司成立之初,就专注于航空领域的支付解决方案,经过4年的快速发展,已经覆盖了全国绝大多数的航空公司,成为航空领域领先的第三方支付公司。2010年5月,汇付天下率先在第三方支付行业拿到了基金支付牌照,开始进入基金领域,并希望以此来扩大个人用户的规模。

汇付天下的优势是:市场执行力强,应用创新能力强,航空领域业务领先,率先开展基金销售业务。

汇付天下的问题是:产品品种较少,用户黏性不高,需要面对支付宝和财付通在个人用户端的强势竞争力。

汇付天下成立以来一直保持快速发展,走行业专业化的道路,2008年交易量比2007年增长17倍;尽管有全球金融危机的冲击,2009年交易量仍比2008年增长4倍多。汇付天下凭借其完善的产品和服务快速进入航空市场并在航空市场支付领域占据了一半的份额。截至2010年末已经与20余家基金公司达成合作。汇付凭借基金市场的领先优势,有望进一步提升市场份额。

五、2014年第三方支付的"十大事件"①

2014年是支付市场热闹非凡的一年,从春节微信抢红包大战,到银行围剿支付宝,再到阿里和腾讯重金补贴打车……正可谓"巨头跑马圈地,新贵不断入局",你方唱罢我登场。

事件一:微信抢红包

微信于2014年1月27日推出微信红包,可实现发红包、查收发记录和提现。春节期间微信红包迅速扩散,许多平时不使用微信的网友也加入到抢红包大战中。

据中申网监测数据显示,2014年春节,支付宝红包数量164万余笔,财付通红包数量为20万个。微信红包的推出还大大刺激了腾讯的股价,使其市值一天之内飙涨了约640亿港元。

微信红包走红不仅是一个社交产品的成功,更代表微信支付的崛起。短短几天内,微信红包让腾讯绑定了数百万个银行账户,让用户打消了对微信支付的顾虑。

---

① 2014年第三方支付十大事件[EB/OL]. http://www.douban.com/note/472577303,2014-12-19.

事件二:滴滴快的打车补贴大战

快的打车和滴滴打车的价格战从2013年延续到了2014年。但从2014年1月开始,快的和滴滴从每单补贴10元逐渐下降到3～5元,继而逐渐取消乘客端和司机端的补贴,推出租车平台。

据易观国际数据显示,截至2014年6月,快的打车以53.57%的市场份额占据国内打车APP市场首位,滴滴紧随其后。为争夺移动支付市场,快的和滴滴已烧掉二三十亿元人民币。随着滴滴打车获得7亿美元融资,估计这场抢夺用户大战还将持续下去。

事件三:央行紧急暂停二维码支付

2014年3月13日,央行下发紧急文件《中国人民银行支付结算司关于暂停支付宝公司线下条码(二维码)支付等业务意见的函》,暂停支付宝、腾讯的虚拟信用卡产品,同时叫停的还有条码(二维码)支付等面对面支付服务,并要求支付宝、财付通将有关产品详细介绍、管理制度、操作流程等情况上报。

二维码支付在创新背后的确存在不少风险;移动支付产品如果不能保证资金安全,再好的用户体验和市场反应也是白搭。不过央行是暂停并非叫停,这也是后面银联、微信等二维码支付"顶风作案"的一大原因。

事件四:四大行阻击支付宝快捷支付

2014年3月,工行、农行、中行、建行相继完成支付宝的快捷支付转账额度限制。工行、建行纷纷将原先的单笔5万元降为5千元,每月不超过5万元。中行、农行则将额度从原先的单笔5万元降为单笔1万元。

四大行封杀支付宝主要因为购买余额宝的资金大多来自银行活期存款,而余额宝投资的大部分是银行协议存款;不仅蚕食银行存款,还将银行活期存款转成了成本更高的协议存款,银行不得不将更多收益让给用户。

事件五:10家第三方支付公司受罚

2014年3月,央行发文对10家第三方支付公司进行了处罚。截至目前,多家公司部分业务尚未解禁。据媒体报道,2014年上半年,至少46万家POS机商户违规,接近所有活动商户的6%。

第三方支付机构受罚的原因,除了套码(频繁违规套用低费率行业的商户类别码)、套现、切机(POS机后台绑定的银行卡账户切换成别的账户)等行为严重扰乱了线下市场,还影响到银行的利益。随着支付牌照颁发速度放缓,申领的标准会更加严格,牌照稀有性将逐渐显现。

事件六:支付机构遭严打

2014年4月,银监会下发《中国银监会中国人民银行关于加强商业银行与第三方支付机构合作业务管理的通知》(银监发〔2014〕10号,简称"10号文"),要求银行构建安全的网络通道,制定安全边界,防止第三方机构越界访问。10号文还要求客户在第三方支付机构认证同时,需通过银行的客户身份鉴别,这意味着银行有机会和第三方支付共享客户资源。10号文还规定,银行可以对第三方支付快捷支付的用途和开通等加强限制。

支付市场乱象丛生,第三方支付机构频繁套码、切机影响银行利益,第三方支付机构与商业银行私接通道,同时第三方支付机构和银行的合作矛盾日益升级,这些都导致银联清算中心的地位逐渐削弱,处于尴尬境地。这也正是银监会出手对第三方支付市场严厉打击的主要原因。

事件七:支付宝海外退税

2014年7月14日,支付宝宣布和全球最大的购物退税服务体系"环球蓝联"达成合作,将在韩国、英国、法国、德国、意大利等地推出支付宝钱包退税业务,以后还将覆盖瑞士、荷兰、西班牙等国商户,税金最快10个工作日到账支付宝。

虽然部分银行也提供海外退税的服务,但是难以实现资金垫付,所以业务周期较长。对于支付宝而言,一旦更多用户使用这项功能,垫资金额规模将不断扩大;加上支付宝依靠对用户的信任进行垫资,资金回收的过程中难免出现一些坏账,届时支付宝是否能长期承受得住将是一个问题。

事件八:第五批支付牌照发放

2014年7月15日,央行向19家企业发放了第五批第三方支付牌照。其中互联网支付13家、移动电话支付6家、银行卡收单业务6家、预付卡发行及受理3家。

数据显示,此次牌照发放后,持牌单位增加到269家。支付牌照在提高网络用户间信任度上起到很大的作用。拥有支付牌照不仅意味着可以赚取佣金,还可以获取更多支付数据,继而进行用户行为分析以嫁接新的消费模式。

事件九:苹果支付失约

2014年10月17日,iPhone6正式在中国内地市场发售,但苹果支付服务并未同期向中国内地用户开放。iPhone6的这项功能可视为苹果进军银行业务的一次尝试。一旦苹果支付推出,近距离无线通信(NFC)支付市场有望得到激活。

数据显示，目前谷歌、三星、华为、中兴、酷派、联想等多款品牌均有手机支持NFC支付功能。

NFC支付已经成为众多企业争抢的重要领域。对商户来说，移动支付是增加客户消费的重要工具，由于NFC支付需要的硬件设备没有得到普及，NFC支付难以大范围推广。

事件十：支付宝“双十二”营销活动

2014年12月12日，这一次的“双十二”大戏几乎成了支付宝的主秀场——线上线下两头动刀。全国2万个线下门店“双十二”经历了轰轰烈烈的“洗劫”。上海、杭州等城市，可的、好德、农工商等商超门口都排着队站满了戴着老花眼镜学习下载和使用支付宝的大爷大妈们。这一幕让所有专注支付的行业人士都心惊肉跳。他们没有想到，支付宝的线下狙击就如此明刀明枪地排山倒海破空而来了。

尽管至今都未对外公布过当日的新增用户和优惠用户实刷金额，但从市场反应来看，支付宝线下攻坚的第一次正式战役基本告捷。

六、第三方支付相关的法规政策

自2009年起，国家相关主管部门对第三方支付机构进行了摸底调研，并随后做出了一系列的规定，主要的政策法规文件及预付卡相关内容摘要如下表所示。

颁布时间	政策法规	发文部门	关键内容
2009-8-1	银办发〔2009〕149号文	中国人民银行、银监会、公安部、工商总局	银行卡受理终端不得受理社会企业发行非银联预付卡
2010-6-14	《非金融机构支付服务管理办法》	中国人民银行	明确网络支付、预付卡、银行卡收单业务需要许可证经营
2010-12-1	《非金融机构支付服务管理办法实施细则》	中国人民银行	对《办法》答疑解惑，明确业务范围、企业股东、管理人员、组织架构、申请材料内容

（续表）

颁布时间	政策法规	发文部门	关键内容
2011-5-25	《关于规范商业预付卡管理意见的通知》	国务院办公厅转发，中国人民银行、监察部、财政部、商务部、税务总局、工商总局、预防腐败局	不记名卡面值1 000元、记名卡面值5 000元限制，购买记名卡和一次性购买10 000元不记名卡要实名登记，单位一次性购卡金额达5 000元以上或个人一次性购卡金额达50 000元以上的，通过银行转账方式购买，还有发票等方面做出了规定
2011-10-28	《支付机构预付卡业务管理办法（征求意见稿）》	中国人民银行	对预付卡的发行、受理、使用、充值和赎回，及预付卡业务企业的监督管理、纪律与责任做出了详细的规定
2011-11-4	《支付机构客户备付金存管暂行办法（征求意见稿）》	中国人民银行	对预付卡业务备付金银行、备付金银行账户、客户备付金的使用与划转，及对企业的监督管理、罚则列出了详细要求
2012-1-5	《支付机构互联网支付业务管理办法（征求意见稿）》	中国人民银行	对互联网支付账户管理、业务管理、特约商户管理、风险管理，及企业的监督管理、纪律与责任做出了详细的规定

七、第三方支付的未来发展

目前银联也在积极推动互联网支付和移动电话支付。加上此次13家企业获得互联网支付资质，将加剧该领域的竞争。不过由于第三方支付通常是“嵌在”商品买卖中的一个环节，所以支付场景就显得尤为重要。这也是为什么支付宝可以凭借阿里巴巴自身庞大的电商业务稳居第三方支付首位，而其他机构则更多结合自己业务做垂直领域业务的原因。

第三方支付早在2004年支付宝诞生之际就开始成长，近几年，伴随着互联网的发展和居民消费水平的提高更是得到快速提升。数据显示，2013年全年中国第三方支付机构各类支付业务的总体交易规模达到17.9万亿元，同比增长43.2%。对此，专家分析认为，当下互联网支付和POS支付的格局已经比较稳定，但移动支付会是新的机会。这一观点也在近来市场动向上得到体现，从2014年开始，百度、阿里巴巴及腾讯三家互联网巨头开始布局移动支付，争夺移动端入口，推出面向个人的移动支付产品。2014年第1季度中国第三方支付市场移动支付(不包含短信支付)交易额规模达到16 317.5亿元，与2013年第4季度相比增长110.5%。不少从业人员都表示，移动互联网时代的快速到来，也给第三方支付行业带来了转型的时机和必要性，尤其是怎样完成线上线下一体化，将支付和金融结合起来，成为第三方支付行业发展的一大契机。

2014年4月份，银监会与中国人民银行联合下发《关于加强商业银行与第三方支付机构合作业务管理的通知》，从保护客户资金安全和信息安全出发，对有针对性的问题细化了规范。业内人士普遍认为，目前互联网金融领域还处在发展初期，整个行业良莠不齐的现象比较严重，风险系数比较高。相对而言，第三方支付算是比较成熟稳定，监管部门对其有了常规监管，将有利于第三方支付行业朝着更加规范健康的方向发展。李烨和唐彬都表示，发牌照本身就是一个可持续发展的监管方式，将促使该行业优胜劣汰，规范有序健康发展。

值得注意的是，2013年2月，国家外汇局颁布《支付机构跨境电子商务外汇支付业务试点指导意见》，包括支付宝在内的一批第三方支付企业将涉足外汇支付业务。近期消息显示，支付宝已与多国电商平台展开合作，消费者可以直接利用支付宝账户在这些电商平台购买产品。现在来看，第三方支付的发展空间非常大。

第五章

P2P 借 贷

一、什么是P2P借贷

(一) P2P借贷的定义

P2P 借贷,即点对点信贷(Peer-to-Peer Lending),是近几年兴起的基于互联网应用的一种创新融资模式。P2P 借贷的核心,是为资金的出借人和借款人搭建一个公平、透明、稳定、高效的网络融资平台,提供从信息发布、资料审核到转账借款、期限、利率计算、还款方式的"一站式"服务。

此外,P2P 借贷平台还帮助借贷双方确定相关条款和法律文本,通过设计多位贷款人共同分担一笔借款额度的借贷模式分散风险,提供充分的信息以撮合对双方都有利的利率条件。P2P 网络平台收取融资的服务费。无需抵押担保,仅凭个人征信评级、信用管理进行借贷等服务模式,成为目前 P2P 借贷最大的竞争优势①。

(二) P2P借贷平台的界定

P2P 借贷平台从根本上讲从事的就是一种民间借贷服务,与之不同的是,它大大扩展了民间借贷的广度,不仅覆盖的地域增加,参加的人也成倍涌入。这就引起了很多人的关注,同时也引发了很多争议。争议的焦点主要在于,P2P 借贷平台的性质是否属于金融机构,其所涉及的业务是否属于金融业务,是否应该受到金融监管。

---

① 刘维泉. P2P 借贷还能走多远?[J]. 新产经,2012 年第 12 期.

商业银行，是传统的从事借贷业务的金融机构；小额贷款公司，是近些年来迅速发展，并带有金融机构烙印的，从事借贷业务的新兴机构。通过与前两者的对比，可以得到关于对 P2P 借贷平台定性的启示。

1. 与商业银行比较

我国的信贷市场，长期由商业银行垄断，在进行信贷业务时，其与 P2P 借贷平台存在着较大的差异。

1）贷款人

从商业银行获得的借贷，借贷合同的双方为借款人和商业银行，商业银行提供了全部的借款。而一般而言，P2P 借贷平台自身并没有直接参与到借贷关系中，它只是提供一个贷款人与借款人进行交易的平台，它起到的只是中介作用。

贷款人也不是一个人，可以是很多人，因为在单笔交易中，每个贷款人出借的金额可能很小，如 50 元。

2）贷款条件

根据我国《商业银行法》第七条的规定，商业银行开展信贷业务，应当严格审查借款人的资信，实行担保，保障按期收回贷款。而与之相反，P2P 借贷平台迅速发展的原因之一，就是其对于借贷基本不需要抵押，且很少需要担保。对于资信的审查，两者也是不同的，商业银行很容易获得个人资信的相关信息，从而进行判断。也是因为银行的审核相对严密，其对于资信的审核往往要耗费相当长一段时间。与之相反，P2P 借贷平台很难获得官方收集的资信信息，只能从各个方面，比如个人社交网络活跃度、工作情况，结合以往的案例综合进行比对和判断，得出借贷人的信用评级。这一过程，往往很短，且存在一定的偏差，但是却能使借贷人尽快得到款项。

3）成立与监管要求

在我国，设立一个商业银行的必须得到银监会的批准，并符合《中华人民共和国公司法》的相关要求。同时，其对于注册资本和董事、高级管理人员的专业素质也有一定的要求，而成立一个 P2P 借贷平台却要容易得多，不仅没有注册资本的限制，而且目前没有任何准入限制。

4）对资金用途的控制

关于资金的流向，《商业银行法》规定，对于借款的用途要进行严格的审查，《流动资金管理办法》更是对借贷双方约定的贷款用途有严格的限定，而网络借贷平台关于资金的流向，完全是通过借款人在平台的描述，而借款人往往用“短期周转”等词语，表达含糊其辞，不甚清楚。受限于地域和精力，很少有贷款人核实信息的真伪。同时，平台也不能对其进行有效的审核。

2. 与小额贷款公司比较

小额贷款公司由自然人、企业法人或其他社会组织投资设立，不吸收公众存款，仅仅是以公司的名义发放小额贷款。在公司的注册性质上，一般分为有限责任公司或股份有限公司。与之相比，P2P借贷平台存在某些相似，也存在某些不同。

1）贷款利率与贷款对象

小额贷款公司与P2P借贷平台的利率，一般均高于商业银行贷款利率，但却低于民间贷款利率的平均水平。其贷款利率的上限，是中国人民银行公布的贷款基准利率的四倍。

在贷款对象的选择上，小额贷款公司主要面向的是农户和中小企业。其奉行的是小额、分散的投资。P2P借贷平台上的贷款对象，一般是中小微企业的生产经营借贷和个人用户的消费借贷或是短时间的资金周转借贷。小额贷款公司往往立足于某地发展，其贷款对象主要集中于当地。而P2P借贷平台的贷款对象，往往遍布全国，人们通过网络便可轻松借贷。两者均与传统的商业银行有较大的差别，一是对象的选择上，二是额度的发放上，同时也说明，P2P借贷平台或者是小额贷款公司在一定程度上弥补了传统商业银行业务的某些空白之处，更加完善了整个金融体系。

2）成立条件和日常监管

小额贷款公司一般注册为有限责任公司和股份有限公司，其对于注册资本均有一定的要求。同时对于单一自然人、企业法人、其他社会组织及其关联方在公司中持有的股份做了相应的要求，以防止某一出资方对整个公司处于支配地位，从而直接影响放贷的对象和利率。P2P借贷行业，目前并没有对注册资本方面的限制。小额贷款公司，对董事及高级管理人员的工作经验和任职经历也有一定的要求，在相关的专业领域要求具备相应专业知识和从业经验的工作人员。相比之下，P2P借贷平台的要求显得偏低，但对董事、高管或其他专业人员均有相应专业知识的要求。

监管方面，小额贷款公司既受到当地政府金融办或政府指定机构的监管，同时也要接受来自银行系统的监管。同时，小额贷款公司还有信息披露的义务。P2P借贷平台则没有任何机构的监管，虽然有些借贷平台定期自主披露一些资料，但是关于资料的内容、披露的日期、真实性等都没有任何要求。

3）资金来源

P2P 借贷平台和小额贷款公司均不得吸收社会存款，不得进行任何形式的非法集资。小贷公司的资金来源，主要是股东缴纳的资本金。而 P2P 借贷平台，只需要相应的资金维持平台的运转，借款人获得的资金，来源于在平台上注册为会员的贷款人的资金。借贷合同中的双方为借出者和借入者，平台只是提供服务的第三方，所以其运营风险相对较小。对于未收回的资金，小额贷款公司作为当事人可以以自己的名义，提出偿债要求。而除了某些平台对于贷款人的资金提供担保外，P2P 借贷平台一般来说不对坏账负责。

3. P2P 借贷平台不属于金融机构

关于 P2P 借贷平台是否属于金融机构，基本有两种观点：一种认为金融机构是指从事金融服务业有关的金融中介机构和专门从事货币信用活动的中介组织。P2P 借贷平台为借贷双方提供了资金融通服务，但是它并未参与到双方的货币信用活动中，因此其属于准金融机构。另一种观点认为，所有的金融机构都直接参与货币信用，并与借款人直接发生借贷的法律关系，承担逾期还款的风险。P2P 借贷平台不满足这个条件，它并不直接参与到实际放贷人与借款人的法律关系中去，无须直接承担借款人违约的风险。因此，P2P 借贷平台并不具有正规金融机构的性质。

笔者认为，首先，P2P 借贷平台是一个不同于传统金融的新的模式。无论是商业银行，还是小额贷款公司，在很大程度上都没有走出那种以放贷主体为核心，一对多借贷的传统模式。而 P2P 借贷平台，它的存在不仅仅是从技术上应用互联网技术服务于借贷，最重要的是它提供的互联网思维。不同于以单一的金融机构作为放贷主体，P2P 借贷平台上任何人都能够作为放贷主体参与到借贷之中，放贷主体与借款主体双方是平等和互相尊重的关系。其次，如果单以 P2P 借贷平台是否提供金融服务或是直接介入货币信用这些传统标准，来判断 P2P 借贷平台属于或不属于金融机构过于片面。我们必须结合 P2P 借贷平台的实际，同时综合 P2P 借贷平台与商业银行、小额贷款公司的比较，从根本上来剖析 P2P 借贷平台的性质。

P2P 借贷平台是为借贷双方提供一个平台，在撮合借贷双方达成借贷关系的过程中它提供了信息发布、信用审核评级、投资咨询、坏账追索等业务，一般来说其并不直接介入借贷的法律关系。P2P 借贷平台上的借贷业务，受制于我国不完善的征信体系，平台的信用审核能力有限，很多借贷没有相应的担保和抵押等，与商业银行、小额贷款公司相比，其借贷出现违约和坏账的风险比较高。但是，需要注意的是，在借贷过程中，P2P借贷平台并不是作为借出人，其自身并不用承担因坏账带来的风险。所以说，相对商业银行、小额贷款公司而言，P2P借贷平台自身面对来自借贷违约的风险相对较低。

另外不少人对宜信等P2P借贷平台采用的债权转让模式存在争议，认为其建立"资金池"的模式必然会引发整个P2P行业的系统风险。其实，如果类似于宜信的债权转让模式，只要转让的是真实存在的债权，就并不存在建立"资金池"的风险。只要债权存在，先于债权转让，那么它就不可能建立"资金池"，更不用说产生影响整个行业风险。

综上所述，笔者认为，P2P借贷平台在运营中其相对风险较低，它不太可能引发系统性风险。在整个借贷关系中，起到的主要还是中介的作用。所以在现阶段不宜被定性为金融机构。但是这并不表明，应该放松对P2P借贷平台的监管和约束。P2P借贷平台作为一种创新的模式，它本身就存在很多不足之处需要完善，我们应该高度关注它的发展，特别要注意保护在P2P借贷平台中贷款人的权益[①]。

二、P2P借贷的发展现状

国内P2P行业现状的整体状况可以用"三有三无四聚集"来概括。"三有"是指有贷款需求、有投资需求、有中介平台；"三无"是指无进入门滥、无行业标准、无监管机构；"四聚集"分别是资金聚集、技术聚集、人才聚集、风险聚集。

1. 行业规模

该行业缺乏统一的监管机构，目前市场上到底有多少家P2P公司，无法准确统计。加之成立一家P2P网络平台所需成本较低，各路资金看到机会后都盲目进入，目前唯一可查的数字是来自安信证券的一份关于P2P的分析报告，这份报告显示2012年底全国的P2P借贷平台有300家以上。第三方机构网贷之家2015年1月4日的统计数据显示，截至2014年末，中国网贷运营平台达1 575家，不过，数量虽多但良莠不齐，真正推广成功、良性运转的并不多。有专家估

① 陈哲.P2P借贷平台的问题与法律对策研究[D].安徽大学2014年硕士学位论文.

算，P2P 平台会有 2 000 家之多，每年的“贷款”总额约 3 000 亿元，约为小贷公司贷款总额 7 000 多亿元的 40%，相当于民生银行贷款总额的 1/30。

第三方数据监测网站网贷天下对 P2P 网络平台的交易数据进行跟踪统计，该网站将交易量达到一定规模的 P2P 网站纳入一份重点监测名单，定期披露这些网站的监测数据。这份名单的入选条件为：①日均交易额不低于 33 万元；②日均活跃借款人不少于 3 人；③日均活跃投资人不少于 30 人；④无效借款交易占比不超过 10%；⑤上线一个月以上。

网贷天下 2013 年 2 月份公布的这份名单中共有 14 家，分别是：红岭创投、人人贷、365 易贷、微贷网、E 速贷、808 信贷、融信财富、紫枫信贷、通融易贷、搜搜贷、热贷网、易网贷、广融贷、工商贷。

可以发现，除宜信情况特殊不在统计之列，也没有拍拍贷和安心贷两家平台的身影。P2P 网络平台跟互联网公司一样有赢者通吃的效应，这 14 家平台的交易数据可对该行业状况做一个大致参考。

如图 5-1 所示的一个月网贷平台的综合日成交量数据，总体走势稳定，数值基本落在 1 000 万元到 3 000 万元之间，在 2 000 万元左右的水平波动，这个规模已经相当大了。

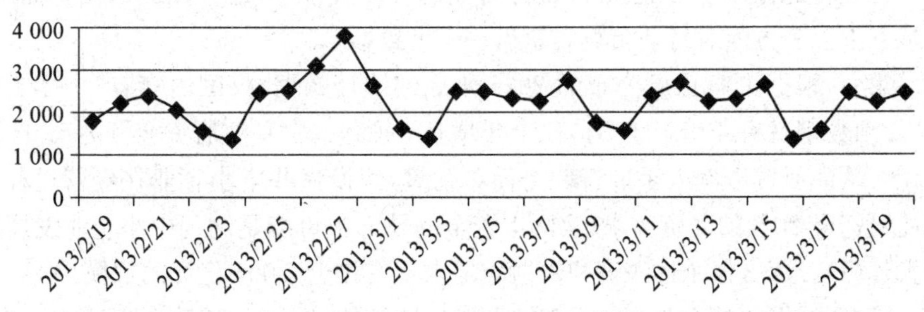

图 5-1　2013 年 2 月 19 日至 2013 年 3 月 19 日 14 家平台的日总成交量

2. 行业增长趋势

图 5-2 为 2012 年 3 月至 2013 年 2 月部分平台的月度成交数据。

3. 行业市场容量

前文说了“三有”，有贷款需求也有投资需求，可以把 P2P 行业的主营产品视为“小额贷款”，即借款人需求贷款、投资人供给贷款。从需求端来看市场容

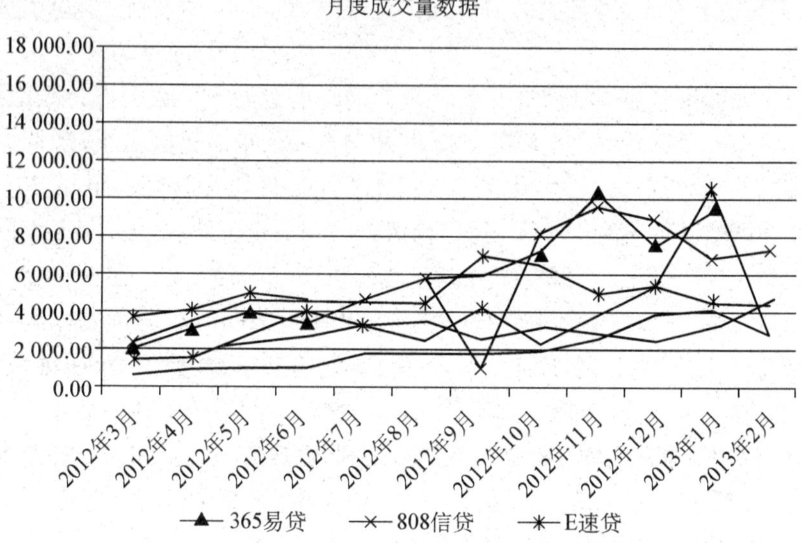

图 5－2　部分平台 2012 年 3 月至 2013 年 2 月的月度成交量数据

量，因为目标定位不同，P2P 行业一方面服务中小微企业的融资需求，另一方面也可以发展个人消费信贷市场。另外，从 P2P 的网络技术所蕴含的可能性来看，将来也可服务于额度更大的贷款需求，投资人方面则可以引入机构投资者。

行业特殊性所限，无法准确统计行业的市场容量，考虑其面向的借款需求，可从以下三个方面对行业市场容量做一个大致参考。

第一，根据工商总局公布的 2012 年底的统计数据，仅国内实有“个体工商户”一项数字就有 4 059.27 万，比上年增长 8.06%，实有注册资金额为 1.98 万亿元。从注册资金额入手进行一个简单估算，假设这些中小企业在经营过程有其注册资金 20%的融资需求(实际上资金的缺乏很可能是制约中小企业发展的最大障碍)。那么仅个体工商户的融资需求也有接近 2 000 亿元的规模。

第二，根据央行公布的 2012 年小额贷款机构的数据，贷款余额达到 5 921 亿元，全年新增 2 005 亿元。

第三，个人消费信贷方面，根据波士顿咨询公司的一份报告，亚洲发达国家地区的个人消费贷款能达到 GDP 的 40%，中国的这一比例远未达到，而且集中在购房、购车的贷款种类上，信用卡业务的发展空间很大。

4. 行业生命周期

从前文分析可以明显看出 P2P 行业已经进入了一个快速发展的阶段。根据行业生命周期理论，一个行业发展的四个主要阶段是幼稚期、成长期、成熟期、衰退期。一般判断处在哪一个阶段的依据是行业利润率和竞争程度两方面。不过，P2P 行业既有中介行业的性质又有互联网公司的性质，这两个行业都是比较特殊的。

从行业利润里来看，最初进入 P2P 行业的公司没有明显获得暴利，反而可能存在赔钱以积累用户的情况，无法判断该行业所处时期。从竞争情况来看，P2P 行业表现出互联网公司变化快的特征，可以确定已经进入竞争较为激烈的一个时期，但是另一方面，行业监管滞后、市场容量开发的程度有限，因此笔者认为 P2P 行业处在幼稚期到成长期之间。

5. 行业格局动荡

P2P 的行业格局十分动荡混乱：不断有新公司进入，行业竞争加剧、行业丑闻频发，已经倒闭了一些 P2P 平台如淘金贷、贝尔创投。目前行业发展较为领先的公司远未达到真正意义上的龙头地位，随时都会被竞争对手超过。

鉴于监管政策的缺失，未来出台措施之时，P2P 行业将会迎来行业格局的洗牌重组。当明确的监管政策出台之后，传统的金融机构和互联网公司预期也会进入该行业。

因此对当前阶段的 P2P 平台而言，争取在未来行业洗牌中存活下去是其发展的最低纲领。做大规模以增加生存几率是一种思路，较大的规模也会带来更多与金融机构合作的可能性；不过也存在另一种思路，即像安心贷这样着重于完善模式本身希望获得监管方认可的平台①。

三、P2P 借贷相关的法规政策

法规缺失、监管不足已经对 P2P 行业的发展造成了障碍，由于门槛低，P2P 行业内存在专业水平不足的参与者，客观上无法阻止有意作恶的 P2P 网站。本书将目前关于 P2P 行业的所有可查的政策、法律及监管的依据整理如下：

1. 监管方面

2011 年 8 月，中国银监会办公厅发布了《关于人人贷有关风险提示的通知》

① P2P 网络借贷平台：天使还是魔鬼[EB/OL]. 财新网，http://opinion.caixin.com/2013-11-04/100598710.html，2013-11-4.

银监办发〔2011〕254 号，通知使用了人人贷这一名称作为 P2P 的中文译名，提示了该模式存在的风险，要求各金融机构注意防范。既然银监会并未禁止该模式，而是作出风险提示，就表示行业的合法性得到了监管部门的承认，被行业人士解读为好信号。

2013 年 5 月，重庆市金融办打非小组发布风险提示，解释人人贷及其衍生模式的风险，明确要求重庆市涉嫌违规的投资公司作出整改，并提醒市民不要盲目参与此类违规经营活动。这是首个地方政府发布的关于人人贷的风险提示。

监管机构方面，现有的 P2P 平台基本是工商局和税务局管的，就是作为一般的投资咨询公司，考虑到模式与银行的关联，银监会可能是最合适的监管方。

P2P 行业在国内确实面临监管上的困难，美国的相关经验，或可供借鉴。不过，即便是美国对 P2P 行业的监管也未达到成熟，美国的金融监管体系与中国相比较有两个不同之处：第一是按行为监管，或称按业务监管，P2P 的模式可能涉及吸收公众存款、发行转让证券等业务，所以相应的监管部门进行监管，而中国是按机构性质监管，因此大大滞后；第二是监管原则上强调信息披露，无论受监管的业务本身风险有多大，只需强制其披露信息，那么即便是高风险的金融业务，也可以继续开展，因为在充分披露风险之后投资者具有自由选择的权利。

无论如何，尽快明确 P2P 行业所属监管机构，加强行业自律，是行业发展最重要的手段。

2. *政策方面*

《金融业发展和改革“十二五”规划》中对民间金融的指示中提到：“完善法律、法规等制度框架，加强引导和教育，发挥民间借贷对正规金融的补充作用。”证监会在过去的一年时间里也出台了很多鼓励金融机构创新的政策。因此在民间金融和金融创新方面的大环境是比较宽松的。

国务院对小微企业融资也是支持鼓励的态度，2012 年 3 月，国务院常务会议批准实施《浙江省温州市金融综合改革试验区总体方案》，设立温州市金融综合改革试验区，在民间金融改革方向迈出了重要一步，像地处温州的温州贷 P2P 平台也是在这些政策下应运而生的。

3. *法律方面*

法律方面主要关注两点：一是 P2P 涉嫌非法集资的风险，二是互联网借贷的合法性。

首先,关于非法集资的定义。《关于取缔非法金融机构和非法金融业务活动中有关问题的通知》中规定:"非法集资是指单位或者个人未依照法定程序经有关部门批准,以发行股票、债券、彩票、投资基金证券或者其他债权凭证的方式向社会公众筹集资金,并承诺在一定期限内以货币、实物以及其他方式向出资人还本付息或给予回报的行为。"

P2P 行业的地位确实比较特殊,而一般在区分是否是非法集资时有一个关键点就是融资和投资的先后顺序;若是先吸收资金后做投资则是非法集资,若不是这样则问题不大,从这一点上看如果 P2P 网络平台严格按照流程操作就不属于非法集资,甚至像宜信的债权转让模式是有合法依据的。

其次,关于互联网贷款的合法性。全国互联网贷款纠纷第一案是"阿里巴巴小额贷款股份有限公司诉郑某借款合同纠纷案",结果阿里小额贷款公司胜出,算是对网络贷款方面的一个法律依据。实际上包括光大、中信在内的竞争意识较强的几家股份制商业银行已经在逐步推出网上贷款业务,银行对公众的网络贷款不等于 P2P,却是对该行业的强力竞争①。

四、P2P 借贷典型案例

(一) 国外典型

P2P 的出现可以说是互联网技术发展到一定阶段后和金融行业结合的产物。溯其源头,通常认为它有两个祖先,一个是孟加拉的"小额信贷之父"穆罕默德·尤努斯,另一个是英国的网站 Zopa。前者尤努斯是诺贝尔和平奖获得者,他的主要贡献是创办了"穷人的银行"——孟加拉乡村银行和小额信贷的模式,他通过贷款帮助了数以百万计的贫困人口改变了生活。尤努斯还是最早提出 P2P 模式并且倡导普惠金融的学者之一,普惠金融是指提供全方位的、满足社会各阶层需求的金融服务。无论是小额信贷、P2P 还是普惠金融都是他对"服务穷人"金融理念的延伸。现在国内多家 P2P 公司如宜信、拍拍贷都自称是受到尤努斯事迹的感召之后进入这个行业的。

---

① 论我国 P2P 网络借贷的法律监管[EB/OL]. 百度文库, http://course. baidu. com/view/4ccc8477aaea998fcc220e60. html? re=view.

Zopa 是 2005 在英国注册成立的网站，它是第一家真正意义上的 P2P 网络借贷平台，该网站面向社区小额借贷款者提供服务，有借钱或者投资需求的人，可以注册该网站并登记自己的供求信息，之后 Zopa 将把借款人的借款请求和投资人的资金供应进行撮合匹配，交易成功后 Zopa 会监督后续的还款并负责在借款人违约后催账讨债。Zopa 通过技术和一系列的制度设计来保障交易的进行，交易成功后它会向双方收取手续费，这是它唯一的盈利来源。

Zopa 模式运营成功后，成为了后来 P2P 网站学习模仿的对象。因此，说到 P2P 的典型案例就要先分析国外最有代表性的 4 种 P2P 模式分别是 Zopa、Prosper、Lending Club、Kiva。下边我们将从借贷双方对接的方式、利率产生的方式、借款人违约风险由谁承担、借贷平台的盈利来源等几个角度对其中 Zopa 和 Prosper 的两种主流模式进行详细分析。

1. Zopa 模式

Zopa 起源于英国、成立于 2005 年，是 P2P 模式的鼻祖，主要它面向社区群体提供比较小额的贷款服务，在英国的运营取得成功，现在已经在美国、日本和意大利推广。它曾宣称“摒弃银行，每个人都有更好的交易”。

1）Zopa 如何撮合借贷双方交易？

借款人先在网站上发布信息完整的贷款需求信息，包括金额、利率、期限等，投资人在网站上浏览、自行选择借款人，然后以 10 英镑为单位进行投资，最后达成交易。如果借款人发布的贷款利率过低则可能借不到钱。

2）Zopa 如何挑选借款人？

Zopa 运用信用评级的方式来审查借款人的资质，首先根据借款人的个人信用记录将其信用等级分为 A*、A、B 和 C 四个等级，如果借款人情况过于糟糕在这四类评级之外，则会被网站拒之门外。评级较高者意味着违约风险小，就能以较低的利率借到钱，这样一来信用评级就对借款人形成了约束，信用评级还能帮助投资人根据自身的风险偏好作出投资决定。

3）Zopa 如何防范坏账风险、保障投资人利益？

Zopa 一方面审查借款人信用等级，将最劣质的借款人排除在网站门外，以控制坏账率；另一方面它希望通过制度设计来监督交易达成之后的环节，保证借款人还款，降低投资人的风险，它具体的措施包括这几点：第一是强制借款人按月分期偿还贷款；第二是借款人必须签署具有法律效力的合同；第三是强制投资人进行分散投资，Zopa 的所有投资都是以 10 英镑为单位进行的，它规定给一个借款人投资的额度最多只能是 10 英镑;第四是在发生坏账之后该网站负责雇用第三方公司进行坏账跟踪和追讨。

4) Zopa 的交易利率是如何形成的?

在 Zopa 网站上,由借款人发布利率然后投资人选择接受,基本上是由资金供求双方决定的。此外,最终形成的利率水平与借款人的信用评级挂钩程度较大,同时也受到借款金额、借款期限的影响。

5) Zopa 的借款人违约风险的承担者是谁?

Zopa 借贷平台介入交易的程度比较高,从负责坏账追讨的角度而言,它也必须为违约付出成本,所以它和投资人共同承担信贷违约的风险。

6) Zopa 的收入来源?

Zopa 实行双向收费的制度,收取借款人每笔 0.5%以及投资人年借款额 0.5%的服务费。

7) Zopa 的特色?

总结一下,Zopa 最大的特色在于其上述风险控制的制度设计和完善的服务,对投资人利益保障较高。Zopa 在整个交易过程中的服务包括:信息发布对接、相关法律文件准备、对借款人进行信用认证、坏账发生时雇用代理机构为投资人追讨欠账等。

2. Prosper 模式

Prosper 是 2006 年在美国成立的 P2P 网站,旨在帮助普通个人更方便地相互借贷,Prosper 出现后曾取得过惊人的成交量,在美国风光一时,它受到美国民众的欢迎可能是 P2P 这种模式宣称的"去掉银行中介环节"的理念让那些痛恨华尔街的民众感到认同。

1) Prosper 如何撮合交易?

Prosper 实行的是"拍卖模式":借款人在网站上发布借款需求,贷款额度最低 50 美元、最高 2.5 万美元,写明期限并说明借钱的原因和用途,然后设定一个愿意支付的最高利率。投资人以此利率为基准通过降低利率行竞拍。

竞拍的出价就是利率,投资者中谁的利率低就更能获得投资机会,但这不是全额竞拍而是以自己愿意投资的额度竞拍,拍卖结束后,Prosper 将最低利率的投资人组合成一个简单的贷款交给借款人完成交易。

2) Prosper 如何挑选借款人?

一般而言,个人信用评级的主要根据是其历史信用记录。要成为 Prosper

网站用户须在美国拥有社会保障号、个人税号、银行账号，且个人信用评分超过520分。这个条件是十分宽松的，这客观上导致难以控制的坏账率。

3）Prosper如何防范坏账风险、保障投资人利益？

上述个人信息和历史信用记录是成为借款人的必要条件，在保障投资人利益方面的措施就是鼓励分散投资。

4）Prosper的交易利率是如何形成的？

如前所述，Prosper的利率是通过竞价拍卖形成的，市场化的程度很高，但与借款人的信用不挂钩。形式上一个贷款申请的最终成交利率是中标组合的平均利率。

5）Prosper的借款人违约风险由谁来承担？

Prosper模式是单纯的信贷中介模式，负责交易过程中的所有环节，但它在保障制度上和介入交易的程度不如Zopa，承担借款人违约风险的是投资人。

6）Prosper的收入来源？

Prosper的收入来自借贷双方，对借款人收取每笔贷款的1%～3%的费用，对投资人按年总出借款额度的1%收取服务费。

7）Prosper的特色

Prosper最大的特色是以拍卖的形式撮合交易，因为美国最大的网上商城eBay就是拍卖的形式，所以美国民众对这种形式的接受度很高，以前是在eBay上拍商品，现在是在Prosper上面拍下投资机会。

另外关于Prosper的一个重要事件是2008年初美国证监会曾勒令该网站关闭，美国证监会认为这种P2P模式实际是在变相进行证券交易，触犯了证券法的相关规定，不过2009年加州政府允许该公司重新开业并重新从事P2P信贷业务。这一事件说明即便在美国，P2P模式也处在一个探索的时期。

3. Lending Club模式

Lending Club是2007年5月上线的网站，地点在美国加州的森尼维尔市。该网站的创始人从网络社交平台上找到了新的思路，因为社交平台上的用户具有参与度高、活跃度高、互动性强、传播特性强的特点。Lending Club和Facebook合作，作为平台应用加入，以此来推广、鼓励社交平台上的朋友之间相互借贷。Lending Club推出后也发展迅速，获得以年轻人为主的社交网站用户群体的认同，也被网友戏称为“大家帮帮忙/帮我还下坑爹的信用卡贷款/我快被华尔街坑死了/等我有了钱就连本带利还给大家”平台。

Lending Club 贷款的额度最低 1 000 美元，最高 2.5 万美元。平均的贷款年限为三年。网站制定固定的贷款利率，借款人在进行贷款交易前必须要经过严格的信用认证和 A～G 分级，不同分级对应不同利率水平。投资人可以浏览借款人的资料，并根据自己的风险承受能力或是否是自己的朋友，来作出借款的决定。

Lending Club 不采取竞标方式，而是根据不同的借款人的信用等级有不同的固定利率。借款人可以在 Lending Club 的 Facebook 应用中发出借款请求，因为 Facebook 中多为朋友或同学，所以大多数借款人都觉得将借款请求在此公布会增加成功的可能性。

Lending Club 模式的特点就是划分了信用等级，并将它和利率完全挂钩，还有和社交网站的合作。

4. Kiva 模式

Kiva 的情况较为特殊，它是 2005 年成立的非营利的 P2P 贷款网，跟前面三种模式不一样，它是一个非营利的 P2P 平台（网站后缀为 org），主要面对的借款人是发展中国家收入非常低的企业，而投资人来自发达国家的居民。Kiva 会在它的网站上介绍以往贷款成功的故事，以及这些贷款都帮助到了什么样的人，他们现在过得怎么样，网站把这个故事分享给投资人，运作比较透明。它带有公益和扶贫的性质，这也是 P2P 的初衷之一，愿意通过 Kiva 投资的人可能都是带着捐款的心去的。

Kiva 撮合借款人和投资人采取的模式是募集资金。该网站把审核通过的企业贷款需求贴出在网站上，贷款时限一般为 6～12 个月；网站会详细介绍申请贷款的企业家的简历、贷款原因、资金用途、还款来源以及从其他投资人处借贷的总金额并提示贷款的潜在风险。

一般情况下，每位投资人只要对他感兴趣的项目支付 25 美元即可，也算是在分散投资。在一笔贷款需求的全部金额募集完成之后，Kiva 会使用 PayPal 将钱转账给它在其他发展中国家当地的合伙机构。这些当地的合伙人一般就是一些小额金融服务的机构（MFI），由他们来完成最后一步支付和收集小额贷款的工作，这些机构还负责找寻合适的贷款项目，企业到期还款之后，当地的小额金融服务机构把贷款集齐后再通过 PayPal 返还给 Kiva。所以 Kiva 更像是为发展中国家的小企业项目募集资金的一个渠道。

国外典型模式小结：

通过以上四种 P2P 企业的典型分析可以看出，国外 P2P 也是在探索中前进，就其运营模式来看：Zopa 介入交易较多，通过制度设计来保障投资人利益，主要是：强制借款人每月还款、负责坏账追讨；Prosper 则是典型的市场化借贷中介平台，在此投资人和借款人完全是自主交易，它介入交易的程度比较小；Lending Club 相比之下也是介入交易程度较大的，主要表现在根据借款人信用评级规定不同的固定利率，它的一大特点是和现有的网络社交平台合作；Kiva 是为发展中国家的中小企业提供融资的，非营利的公益借款平台。其他几家的盈利方式都是收取中介服务费。

表 5－1 是国外 P2P 各种模式的比较。

表 5－1　国外 P2P 模式对比

平台名称	Zopa	Prosper	Lending Club	Kiva
上线时间	2005 年	2006 年	2007 年	2005 年
性质	营利性	营利性	营利性	公益性
放贷群体	英国的中低收入阶层	美国居民	美国居民，重点面向群体是社交网站上的年轻人	发展中国家的中小企业
介入交易程度	较高	低	较高	高
利率生成方式	撮合生成	拍卖生成	对应信用评级	平台制定
风险防范措施	强制分期还款、强制分散投资、签署法律合同等	认证社保号等个人信息，对接个人征信系统	信用认证和 7 级信用分级	通过贷款当地合作机构做贷后管理

（二）国内典型

1. 拍拍贷模式

拍拍贷成立于 2007 年 8 月，总部位于上海，是中国首个纯信用无担保的网络借贷平台。根据海树网的统计，2012 年拍拍贷年度交易额超过 1.9 亿元。它撮合借贷需求的方式是“竞标”。在拍拍贷一个完整借贷流如图 5－3：

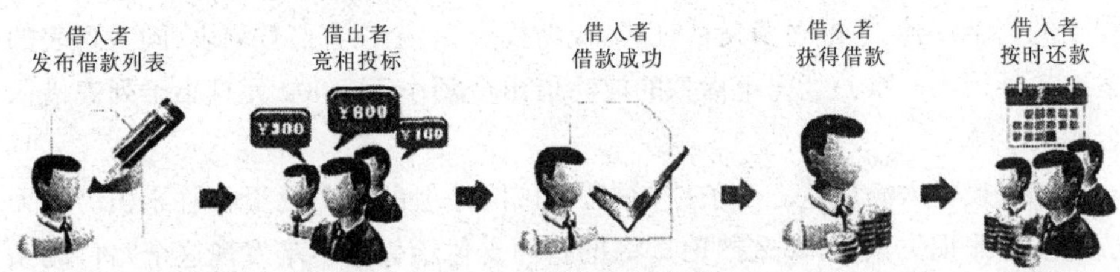

图 5-3 拍拍贷借贷流程

拍拍贷是国内最早一批 P2P 网站，也是最有原则的网站，这么说是因为它一直坚持独立的中介地位，以至于交易规模发展相对缓慢，但它所表现出来的宁肯慢不可急的态度是令人敬佩的，但这多少有些理想主义。其创始人张俊曾在他的文章中论述过拍拍贷为何会选择这样一条路，认为保持独立才是长远发展之道。

第一，在解决借款人难题上，拍拍贷的做法是信用认证加信用评级，网站提供的信用认证包括：身份认证、视频认证、户口认证、学历认证、手机实名认证、淘宝商家认证等，认证的方式基本是上传个人信息，其中学历信息的认证是通过国家教育部学历学位系统来查询的。

视频认证的规则比较有趣，进行该认证的客户必须上传个人录制的一段视频，在视频中必须口头进行责任承诺，包括这样的表述："在我未能按时归还借款时，我同意拍拍贷采取曝光资料等一切必要措施，"让人联想起尤努斯的小额信贷制度里面的宣誓制度，这一过程能强化借款人的还款责任感，而且视频能传达的个人信息也比较丰富。

完成一个认证都被赋予一个信用分数，有些是 10 分有些是 5 分，根据信用分数的总和大小获得初始的信用评级。一方面信用评级很低的借款人就算能发布借款需求，也难以借到钱；另一方面，借款者在发布借款需求时存在"最低利率"限制，如果信用等级较低，相应的这个最低利率就会较高。

换言之，低评级的借款人是没有资格发布低利率借款需求的。另外，借款用户在拍拍贷上的交易行为都将被记录和反映在其个人信用分数上。

第二，在解决投资人难题上，拍拍贷做得不太好，基本上是通过投资者教育进行风险提示和鼓励分散投资，来保障投资人的利益，不过这也算一个坦诚的态度。

另外，拍拍贷推出了一个新的规则，对符合以下三个条件的投资人进行一定程度的资金保障：①通过身份认证；②成功投资50个以上借款列表(同一列表的多次投标视为一次)；②每笔借款的成功借出金额小于5 000元且小于列表借入金额的1/3。

如果投资人满足这三个条件，并且在该网站上的历史投资收益累积仍然无法覆盖坏账损失累积，那么拍拍贷将把差额支付给你。不难发现这个赔付的条件是非常苛刻的，也就是说“如果你都那么充分地分散投资了，结果总体的收益还不能覆盖坏账损失，那你真是太倒霉了，我就把这个差额补给你吧，至少让你本金完整”。试想即便发生了这样的情况，总体投资收益和坏账损失之间的差额也可能是很小的。所以拍拍贷有这样的资金保障措施，还是能承担一部分的坏账风险。

2. 人人贷模式

人人贷成立于2010年04月，注册资本为100万元，现在人人贷属于行业内交易量领先的几家平台之一。根据网站披露的业绩数据，2012年网站交易额达3.54亿元，同比增长803%，它起步相对较晚，却走在了行业前列。

人人贷的模式也是“竞标”，但它比拍拍贷更多地介入交易，从借款流程上来看，与拍拍贷是一样的(见图5-4)。

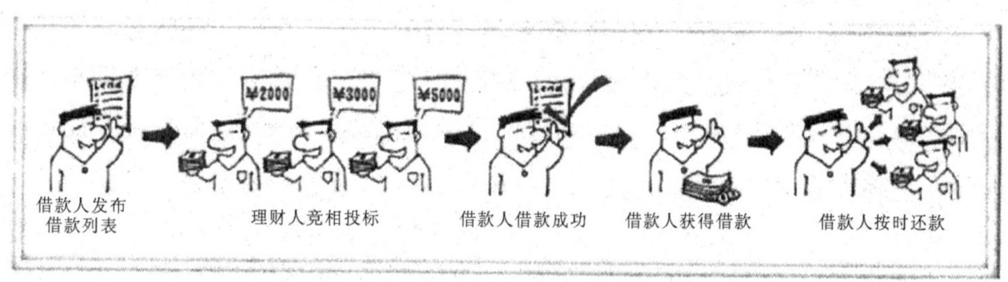

图5-4　人人贷借贷流程

人人贷的网站界面非常简洁美观，令人印象深刻，它披露的年报也是各家平台当中较为专业的一个。另外，人人贷显示出强大的营销能力：P2P的中文翻译就叫人人贷，这家公司跟这个行业同名，就好比“汽车牌”汽车一样。

这并非偶然，而是人人贷通过一系列的公关和营销，使得P2P的中文译名成为“人人贷”，极大地帮助了网站宣传和推广。

人人贷还可能是目前所有平台中与监管方、媒体、学界联系最密切的一个，2013 年 1 月 20 日人人贷和第一财经联合举办了“人人贷 2013 年度论坛”，无论从交易量还是影响力上看这家平台已经俨然一副行业领袖的样子了。

第一，在解决借款人难题上，拍拍贷做到的人人贷基本上也都做了，而且人人贷的信用认证要复杂得多，包括了必须认证和可选认证两部分：必须认证是个人基本信息、身份认证、工作证明、收入证明这些；可选认证范围较广，结婚证、购车证、技术资格证、微博认证等都可以增加信用。

人人贷的信用等级是通过影响“借款手续费率”来影响借款人的（见表 5－2）。

表 5－2 人人贷不同信用等级对应的借款手续费率

等级	AA	A	B	C	D	E	HR
费率	0%	1%	1.5%	2%	2.5%	3%	5%

人人贷把收取的手续费全部存于风险准备金账户，用于人人贷的本金保障计划。通过把信用等级和服务费率挂钩，就实现了“根据借款人信用资质计提坏账准备”，也就是说人人贷预期 HR 类客户的违约率是 5%、E 类客户的违约率是 3%，只要各等级的坏账率小于风险金计提比率，长期来看人人贷就能维持良性运转，兑现保障本金的承诺，这有赖于信用审核制度细节上的完善。

第二，在解决投资人难题上，人人贷首先是利用各种营销手段来提高网站知名度，以非常开放的姿态与媒体合作、主动将自身曝光接受舆论审查。其次，人人贷推出了本金保障计划来吸引投资人，它对每一笔的投资做保本承诺，属于前文在国内 P2P 模式之争部分所讨论的有担保模式。

这种做法对平台而言风险很大，不过人人贷在制定风险账户的使用规则时，加入了一条有限兑付规则：“‘风险备用金账户’资金对理财人逾期应收赔付金额的偿付以该账户的资金总额为限，当该账户余额为零时，自动停止对理财人逾期应收赔付金额的偿付，直到该账户获得新的风险备用金。”这一规则给人人贷平台强加了一道防火墙。

3. 宜信模式

宜信跟大部分 P2P 公司不同，它是一家完全在线下开展 P2P 业务的公司，尽管如此，由于宜信的模式比较独特，属于 P2P 金融理念演化出的金融模式，所以将其放在一起讨论。

宜信于2006年在北京成立，到2012年底，公司员工达到14 000余人，已在全国50多个城市和10多个农村地区建立了实体门店，平台累计贷款成交量为120亿元。发展迅速的一个重要原因是它成立以来已经获得了两轮来自IDG、摩根士丹利和凯鹏华盈的联合投资，合计近1亿美元。

获得风投青睐的宜信P2P模式叫做“债权转让”，是由宜信创始人和现任CEO唐宁发明。这种模式的依据是《债权法》和《合同法》的相关规定。一个通过债权转让而实现的完整借贷流程包括以下两步：

第一步，宜信寻找有贷款需求的客户，审批合格后唐宁与该客户签订一个受债权法保护的、标准意义上的《借款合同》，写明借款金额、期限，约定借款利率、还款日期和方式。这时，资金从唐宁账户转移到借款人账户上。

第二步，宜信寻找到有投资理财需求的客户，参照前一份合同上的债权额度，与一个或多个投资客户签订《债权转让合同》，将唐宁名下的债权以约定的利率转让给他们，这一过程则是受《合同法》保护的。这时，钱从投资人的账户上转移到唐宁的账户上。

这样就完成了一个宜信式的P2P借贷过程，这种债权转让模式的关键在于两份完全合法的合同。

第一，在借款人难题方面，线下开展业务和遍布全国的实体门店使宜信能做到实地调查企业的经营情况，无论是贷前审查还是贷后管理对借款人的控制程度都非常高，如果愿意完全可以达到银行信贷审批的严格程度，宜信公布的坏账率在2%以下。此外，宜信还可以灵活制定贷款利率，比如给有抵押担保的客户较低的贷款利率，从银行手中抢夺优质客户资源。

第二，在投资人难题方面，线下模式本来就更易于让普通投资人接受，实体门店可以向投资客户展现办公环境、工作人员风貌，可以显示公司实力给人专业正规的感受。此外，由于能清楚掌控借款人的情况，宜信可以在可控风险范围内推出保障本金或利率的服务。这些方面都有助于获得投资人信赖，是线上P2P平台不能相比的优势。

4. 安心贷模式

安心贷的前身是2010年成立的君安信投资担保有限公司，地址位于北京，2011年才推出安心贷网站，现在安心贷网络平台和君安信担保是分开运营的。安心贷的业务规模并不算大，但是它的模式比较独特，走的是线上和线下结合的

“流转贷”模式，跟宜信的债权转让类似。

如图5-5所示，一个安心贷的借贷流程也是两步：

图5-5 安心贷借贷流程

第一步，安心贷在线下寻找有资金需求的借款人，经审查和担保后由“流转人”借出资金，与借款人签订合同形成债权；

第二步，安心贷将流转人的债权发布在网站上，通过“投标”形式转让给众多的投资人。它跟宜信的区别就是第二步的债权分割转让的过程变成了在线上进行。

在解决借款人难题方面。安心贷的每一笔贷款都有线下担保公司作担保，借助关联担保公司的专业优势，比较好地控制了借款人风险。由于前文所述的线下审核的成本问题，该网站的目标借款客户群体也比较细分，披露的贷款额度基本在300万到1 000万元之间，可见它的借款客户属于比较有实力的企业了。

在解决投资人难题方面。安心贷也是提供保障本息的服务，由于每一笔贷款都由线下担保公司做了担保，实际承担风险的并不是安心贷而是包括君安信在内的一批关联担保公司。

另外，因为是从线下走到线上，该平台的管理和经营理念给人稳扎稳打的感觉，安心贷总裁翁立峰提出做强不做大，投资人的增长基本靠口碑相传和自然流量增长，这方面赢得了许多投资人的认同。

安心贷的一大特点——投资人关系互动。

网贷平台基本都有自己的论坛板块，是平台和用户以及用户之间交流的地方。安心贷的管理层能主动在论坛上与用户交流、讨论关于P2P行业和安心贷运营方面的问题，解答投资人的疑惑。翁立峰在论坛发表过一个系列的帖子叫做“安心十论”，从投资者关心的各个角度阐述了其个人对P2P行业的见解，以及安心贷为什么会选择这样一个线下线上结合的模式，投资人看后确实觉得其文章有理有据、态度诚恳，一下对这家平台刮目相看了。

这也侧面说明了P2P平台具备一些互联网公司的特质。通过网站论坛来维护用户关系，也是互联网特有的客户营销的方式。有人体验过在安心贷发帖的经历，论坛客服人员回复的速度和耐心都很出色。不仅如此，如果用户在论坛上指出安心贷的网站漏洞或提出改进建议，安心贷都会积极响应，采纳建议后还给予奖励①。

5. 国内四种P2P模式的小结：

通过图5-6和表5-3可以进行一个直观的展示与比较。

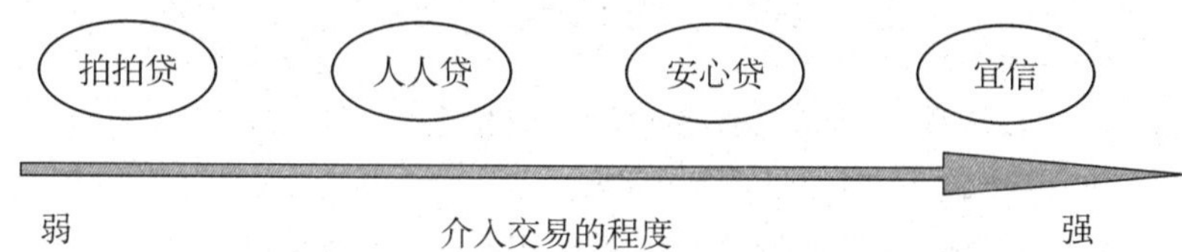

图5-6　国内四种模式介入交易程度由弱到强示意图

表5-3　国内四种P2P模式总结

模式名称	拍拍贷	人人贷	宜信	安心贷
线上还是线下	线上	线上	线下	线上线下结合
对借款人的审核方式	信用认证以及信用评级	信用认证以及信用评级	实地审核	实地审核以及抵押担保
给投资人担保	否	是	是	是
利率水平	可变、较高	可变、较低	固定、低	固定、较低
贷款方向	线上小额	线上小额	线下额度不定	北京地区

五、P2P借贷的未来发展

目前，P2P借贷平台的法律地位仍不明确，既不归央行也不归银监会管辖。虽然《合同法》规定，自然人之间的借款利率不得违反国家有关限制借款利率的规定，但P2P借贷平台是为自然人提供借贷中介，相关法律法规的缺失，也是

① 杨中民. P2P借贷行业调研报告[D]. 西南财经大学2013年硕士学位论文.

P2P 借贷健康发展的软肋。在这样的背景下，P2P 贷款平台应主动形成自律组织，通过统一的联盟发声，制定行业自律准则规范，提升 P2P 借贷平台在社会中的认可度，通过发展赢取社会承认。

在中国目前的社会环境下，P2P 借贷信用征信显得尤为重要。在国内 P2P 借贷公司发展初期，普遍借鉴国外模式，但很快发现国外模式无法照搬。究其原因是美国、欧洲的信用体系比较发达，个人、企业的信用信息很容易获取。而在中国，信用评级很不发达，个人、企业信息分散且不完整，难以查询及评估。因此，国外 P2P 借贷平台不需要自己去对借款人做信用评级，而在中国，P2P 借贷平台需要收集借款人信用数据，并根据数据构建适合 P2P 小额贷款的违约概率和违约损失率。可以说，信用评级基础工作做得扎实与否，决定 P2P 借贷平台能否走得更远。

2012 年是 P2P 借贷发展新高潮，操作模式纷繁复杂的背后是发展路线的分化，发展倒车现象值得警惕。以宜信和贷帮网为典型代表，在线上业务发展滞缓后开始转入线下。所谓线下，就是发展销售队伍向出资人融资，信贷员队伍去审核借款人，逐渐脱离了 P2P 借贷的模式，反而带有更多民间借贷的特点。走向线下最大的问题是透明度不足，客户不知道钱的投向，这种模式无异于倒退回信托甚至银行的老路甚至民间借贷的老路上，这恰恰不是 P2P 借贷的优势所在。因此，转向线下很可能是 P2P 借贷走麦城的开始。

另一个要警惕的倒退是许多 P2P 平台为出借人提供保底甚至保息，为的是在激烈的竞争中吸引客户，但这扭曲了 P2P 的核心理念，本息赔付表面上是为借款人提供了保障，但实质蕴藏了严重的系统性风险。一旦发生较大规模坏账，P2P 无法赔付就只能关门大吉。

总而言之，P2P 借贷必须坚持纯中介或有限度复合中介的模式，P2P 就应该是独立于交易之外，而不是介入到交易之中，其真正要做的核心工作是通过一系列交易制度的设计，尽量降低这个平台上交易的客户面临的风险，这是 P2P 借贷的核心理念。所有的走向线下交易，或者给予在资金出借人进行保本甚至保收益的 P2P 借贷都将是自掘坟墓。

不能走向线下民间借贷老路的另一个原因是，商业银行客户下沉后，P2P 借贷平台应该深入耕耘小额＋分散细分市场。随着利率市场化的深入，银行内外都已经意识到大型企业将以直接融资为主，银行应专注中小客户的融资。银行在较大的客户中有天然的品牌优势，有更强的信用定价能力，但在更小微的客户中,银行并不具有成本优势,因此,社会金融资源需要以其他形式的小微客户流入,而P2P有望成为其中的浪花一朵,这也是P2P借贷未来的生存空间。

总之,P2P行业还处于发展创新阶段,相应监管缺失,相关人员和机构对它的风险要有充分的认识。同时,P2P借贷成本低、对探索合理的民进借贷模式和促进我国金融创新发展非常重要,国家应尽快出台配套的法律和监管措施,保护广大群众的合法利益,促进该行业的健康稳定发展①。

① 刘维泉.P2P借贷还能走多远?[J].新产经,2012年第12期.

第六章

众　筹

一、什么是众筹

由于传统融资渠道融资成本高、信息披露义务重，中小微企业很难从银行等金融机构获得信贷支持，金融危机之后，银行惜贷心理加重、投资者信心不足等因素更增加了中小微企业融资的难度。与此同时，随着互联网应用的普及和创新，“众筹”——这种新兴的金融模式悄然兴起，成为中小微企业融资和民间投资的新渠道。

众筹(Crowdfunding)，也称群众筹资，或大众筹资，Google Trends 搜索结果显示，自 2010 年 5 月起其搜索量开始上升，中间虽有短暂回落，但总体趋势走高，2011 年 10 月超过小企业贷款的搜索量，2013 年 7 月超过风险投资的搜索量，表明众筹已成为金融领域的高频词，正日益受到关注[①]。

(一) 众筹的理论内涵

众筹的概念是众筹后续研究的起点，必须首先对其进行界定，但是，作为一个新现象，众筹至今仍然没有统一的学术界定。2006 年 Michael Sullivan 首次提出众筹的观点，将其描述为群体性的合作，人们通过互相汇集资金，以支持他人或组织发起的项目。

2011 年 11 月，众筹被收录于《牛津词典》，并将其定义为：“通过互联网向众人筹集小额资金为某个项目或企业融资的做法。”2012 年美国颁布的《JOBS 法

① 焦微玲，刘敏楼. 社会化媒体时代的众筹：国外研究述评与展望[J]. 中南财经政法大学学报，2014 年第 5 期.

案》把众筹正式纳入了合法范畴。2011年，众筹正式引入我国。目前，我国对众筹尚没有权威的、严谨的定义，百度百科把众筹定义为："指用团购+预购的形式，向网友募集项目资金的模式。"这一定义与Michael Sullivan的构想存在很大的偏颇，同时，这一定义也反映了众筹在我们国家的发展具有较大的募捐和纯粹的实物购买性质。

依据Michael Sullivan最初的构想，众筹的实质是筹资者通过推销自己的项目使大众投资者对项目的回报有信心，进而选择通过投资支持项目的筹资模式。在众筹中，投资者的目的不一，有的是基于对项目的支持，贡献一份自己的力量，选择无偿投资或是获得象征性的纪念品。有的是通过意见的交流，参与到产品的创新过程中或是项目的创建中，以获取精神上的享受。更多的投资者是为了获取经济上的报酬。项目筹集资金的过程也是宣传的过程，筹资者通过网络平台进行筹资会使更多的人了解产品或项目，同时，投资者的参与也能使筹资者获得一些构思、技术甚至是管理上的启示，使得产品更好地适应市场。

众筹属于众包(Crowdsourcing)的一种类型。企业选择将企业价值链上的一些环节依托互联网外包给众多消费者完成的行为被称为"众包"。众包的实质是消费者参与到企业价值创造和创新过程中，这被营销学者称为顾客创新(Customer Innovation)。在网络社会的背景下，伴随着网络通信技术的发展，消费者的角色及行为发生了变迁。一般的众包是让消费者参与企业的产品或服务的技术创新，以及经营和营销过程，消费者不再是纯粹的消费者，而兼有生产者的角色，成为"产消者"(Pro-sumer)。未来学家托夫勒提出了"产消者"的概念，并预言人类文明将迈向"生产者和消费者再次合一的个性化文明"。"产消者"的兴起正在重塑着经济生产主体与生产方式、企业创新模式与组织模式，是社会经济结构的一种变革。相应地，众筹就是让消费者参与到企业投融资环节中，成为企业的投资者。

需要融资的企业一般选择商业银行、证券公司等金融中介获得债务性融资，或者通过公开发行股票获得股权性融资。企业通过众筹融资时则不再完全依靠金融中介，而是依靠网络平台及大众投资者来完成。企业通过众筹平台，实现了企业全部或部分融资环节对大众的外包。大众参与众筹的动因与大众参与众包的动因有相似性。众包中的消费者创新行为是由一些社会性因素驱使造成的，社会动因甚至超越了想获得报酬的经济动因；消费者通过创新可以获得在网络社区内的声誉、归属感、成就感等。参与众筹的大众也兼有社会动因和经济动因。虽然许多投资项目具有一定的投资回报，但是，投资者通过投资获得的成就感，看到自己支持的项目成长壮大而获得的满足感，是大众参与的重要动机。另外，投资相同项目的投资人往往具有相类似的兴趣和品味，相互之间的交流和讨论满足了投资者的社交情感和归属感。再者，利他主义和社会参与精神也驱动了大众参与到众筹中，尤其是扶贫、捐赠等公益性活动的众筹。Ordanini 针对“众筹参与者的参与动因的实验研究”表明，“社会参与精神”（Social participation spirit）起到了重要作用，即大众愿意去帮助有资金困难的他人，并积极参加此类型的社会活动。

众筹的运行依赖于开放的网络社区和大众筛选机制。众包网络社区鼓励大量的消费者参与进来，因为参与者越多，创造的信息越丰富，就越容易解决问题。在一个人数越多的群体中发布消息，就会有更大的概率去解决问题。众筹平台遵从同样的逻辑，越多的消费者参与其中就会有越多的高质量的项目出现，筹资者也就越有可能找到足够的投资人和投资金额。所以，一个拥有足够庞大的用户群的众筹平台能够为融资人或者投资人找到自己最满意的交易伙伴。众包平台上的大众信息筛选机制，也出现在众筹平台上。众包平台上的海量信息超出平台管理员的筛选能力。于是，筛选和判断的权利落在大众手中，大众决定信息的优胜劣汰。众筹平台也充分利用了这样的大众筛选机制，大众把自己的决策观点与投资行为直接结合起来，判定各种筹资项目的优劣，决定是否投资。Kickstarter 网站设定相应的规则实现项目筛选：所有的项目必须遵循“all-or-nothing”的原则，每个项目都有预定的筹资额度和期限，如果期限内该项目吸引到预定额度的资金，它就能获得资金并启动项目，如果没有达到额度，项目不能获得任何资金，也要退回已获得的资金。目前该网站约有 40%的项目成功筹集到了期望的资金。其他的网络众筹平台也均设置有类似的筛选机制来决定项目的成败。

（二）众筹的商业模式

众筹模式中的核心是众筹平台，它连接了大众投资人和融资企业或个人。大众通过众筹平台了解筹资的信息和金额，并通过平台与筹资人进行沟通；当确定需要投资的项目时，会与众筹平台和筹资人签订协定，通过银行或者支付机构支付资金，银行或支付机构先保管投资人资金作为保证金。如果企业筹资项目达到预期额度，再决定转移多少的资金给被投资的筹资人，如果企业的筹资没有达到预期目标，则将资金退还给投资人。同时，在项目启动后保持监督。当期限到达后，融资企业会直接给投资的大众以相应的回报，并且把情况反馈给众筹平台。众筹商业模式的基本框架如图 6-1 所示。

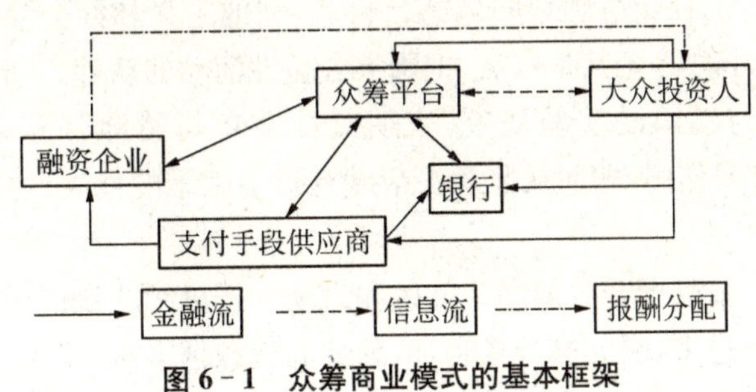

图 6-1　众筹商业模式的基本框架

众筹的商业模式依据其运行的复杂程度，以及涉及的利益相关者的数量和法律环境，可划分为三种模式，模式一是捐赠与赞助模式，模式二是预售模式，模式三是借贷与股权投资模式，如图 6-2 所示。借贷与股权投资模式由于涉及金融交易等问题，从实际操作上和法律上都是最为复杂的。

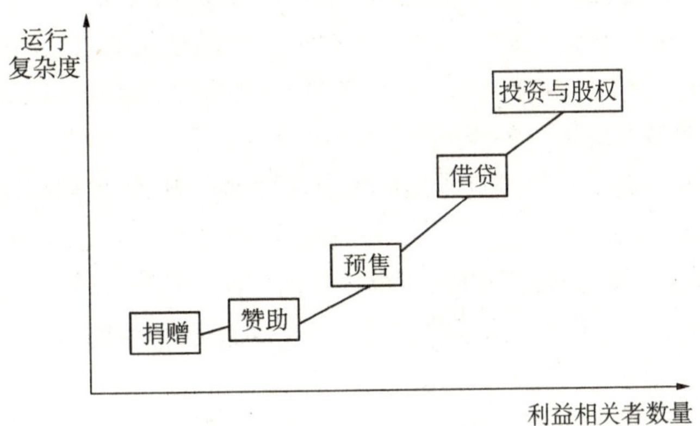

图 6-2　众筹商业模式的多种类型

模式一：捐赠与赞助。捐赠与赞助模式是无偿的投资模式，大众可以通过网站直接选择捐赠或者赞助小额的现金。一些公益机构的网站允许直接在网络上捐款，通过网络来扩大捐款的来源。公益机构的管理者或组织公益活动的个人也利用自身在网络社区和社交网站中的影响力，发起资金赞助。

模式二:预售。预售模式是得到普遍应用的模式,美国的Kickstarter网站以及中国的"点名时间"都使用该种模式。产品或服务在创造出来前,就已经发布在网站上吸引投资者,投资者选择投资后,会在规定期限内收到该产品或服务。筹资流程由筹资人开始。首先,筹资人发起筹资,把筹资项目的内容发布到网站上。每个项目必须在发起人预设的时间内获得超过目标金额的投资,否则会被下架并且不能获得任何资金。投资者选择自己感兴趣的项目,并投资小额的现金。项目成功后,网站将监督项目发起人执行项目,并确保项目完成后筹资人发放实物报酬。报酬必须是非现金或者非股权式的,大多为实物回报或者服务承诺。比如在一个微电影的筹资项目中,投资人以电影的纪念卡片和电影光碟为报酬。众筹平台对于回报方式的限制基于两种理由:第一,非现金的回报方式避免所有权纠纷。Kickstarter公司解释说,这种类型的众筹与股票交易不同,尽管投资者享受了项目产生的产品,但是项目的所有权应该完全属于项目发起者,该项目未来可能产生的收益属于项目发起者。第二,非现金和非股权的报酬能够规避国家金融监管机构的审查,因为实物的回报方式与金融投资回报有明显的差别。项目不回报现金或股权,使得投资项目更像是一种购买行为,而不像投资行为,从而避免"非法集资"之嫌。虽然该模式的网络平台会监督筹资项目的运行和资金使用情况,但是投资者承担了主要的投资风险,众筹平台不保证项目的真实性和报酬发放的及时性。Kickstarter公司表示:"不对项目发起者完成项目的能力作保证,投资者要尽可能了解发起者和该项目的计划,并且尽可能地从发起者直接获取信息。"相比之下,中国的"点名时间"更加考虑了投资者的利益:项目筹资成功后网站先付50%资金给项目发起者,再确认项目完成了一半或接近完成后再付余款,以保证项目如期进行,投资者能够收到回报。

模式三:借贷、股权投资。该模式与预售模式有许多相同之处,主要的不同是回报方式。由于报酬是现金或者公司股权,该模式更加适合中小企业融资。Earlyshare属于该模式的众筹平台。Earlyshare在JOBS出现前就已经尝试为企业提供众筹渠道,JOBS正式生效后,Earlyshare协助美国证券交易委员会制定众筹法律规范,成为行业中有声望的企业。Earlyshare把投资企业被分为两种,一种是小型企业(Small Business),即已经建立的小企业,投资者根据企业过去的发展状况和企业未来的发展计划来判断是否投资;另一种是创业公司(Early-stage Company),即有创意的创业者要吸引投资建立新的公司。Earlyshare分别为两种类型的企业设计出不同的众筹流程,前者旨在强调企业的投资回报率，后者旨在宣传该创意的商业前景。每个筹资的企业会设定筹资目标，一旦达到筹资目标，投资人的资金就被转交企业，而投资人则根据投资金额会获得企业的股权[①]。

二、众筹的发展现状

中国众筹的发展尚处在起步阶段，由于缺乏相关法律法规，众筹一度游离于非法集资的边缘。国内的IT人士借鉴美国众筹平台，成立了一批类似的网站。“点名时间”是成立于2011年的中国众筹网站，它仿照Kickstarter的商业模式运作。网站的规章制度，甚至页面设计都参考Kickstarter的风格。在完成了几个经典项目的众筹活动后，“点名时间”获得了国内知名网站和媒体的支持与关注。“淘梦网”的商业模式与“点名时间”类似，不同的是，该网只针对微电影进行众筹，旨在打造国内最大的微电影筹资平台。2013年10月，国内借鉴众筹理念的融资平台“天使汇”被《新闻联播》报道，成为互联网金融创新的典范。成立于2011年的“天使汇”自成立至今共有70余个项目完成筹资，总筹资额高达2亿余元人民币。而截止到2013年7月2日，Kickstarter的筹资总额约合人民币30.48亿元。众筹在我国目前具有筹资规模小、募捐性质严重、筹资平台运作不规范以及资金后续使用不透明等不足之处。主要原因在于目前我国还没有相关的能够证明众筹合法性的法律法规，对众筹的性质也没有明确的确定。但是，2014年12月18日，中国证券业协会发布《私募股权众筹融资管理办法（试行）》，对股权众筹融资的性质、众筹平台、投资者、融资者、投资者保护、自律管理等内容进行了规定。

众筹是互联网金融的一项重要模式，它的发展将促进我国投融资体系的发展与创新。与美国相比，我国的社会融资体系中间接融资占据了总额的绝大多数。众筹平台能够直接接触到最广泛的大众，并且可以依靠大众进行有效的筹资企业的信息披露，使得社会信用在企业融资中发挥更为巨大的作用，而且省去了金融中介机构繁琐的程序。从我国中小企业和创业者的角度看，众筹可以有效地解决中小企业的资金问题和创业企业在起步阶段的资金困难。由于中小企业和创业企业处于经营初期，经营前景不明朗，银行等金融机构一般持保守态

① 孟韬，张黎明和董大海．众筹的发展及其商业模式研究[J]．创新与创业，2014年第2期．

度，不愿意承担较大的投资风险，利用众筹融资，就可以有效避免问题：首先，投资的风险被众多的投资人分散。由于每个大众投资人的投资额度非常小，所以，即使对某些企业的投资风险较大，投资者个体还是可以接受风险。如美国 JOBS 规定，众筹投资人单次投资上限为 2 000 美元，实施众筹的项目通常都有成百上千的小微股东。其次，创业企业富有创意的项目通过互联网直观的表现，更容易获得大众的支持，大众处于非经济利益的动因会去支持这些项目，经济收益不会成为人们投资的主导因素。最后，尽管投资额度很小，但是对于中小企业和创业企业来说，这些资金足够企业进行发展，所以众筹在一定程度上发挥小额贷款的作用，但比小额贷款更加便利。

作为互联网金融的一种新方式，众筹模式正迎来快速发展期。根据中国互联网协会与新华社联合发布的《2014 中国互联网金融发展报告》，2014 年上半年，国内众筹领域发生融资事件 1 423 起，募集总金额 18 971.07 万元。其中，股权众筹完成募集 15 563 万元，综合类众筹完成募集 1 682.04 万元，垂直类众筹完成募集 1 546.03 万元（见表 6－1）。综合类众筹平台实际供给事件为 708 起，垂直类众筹平台供给事件为 285 起，综合类平台发生的实际供给事件数量约为垂直类众筹平台供给事件数量的 2.5 倍。

表 6－1 2014 年上半年众筹领域数据统计

众筹种类		融资事件(起)	已募资金融/万元	预期融资金额/万元
一级分类	二级分类			
股权类众筹	无	430	15 563	203 617
奖励类众筹	综合类众筹	708	1 682.04	2 006.97
	垂直类众筹	285	1 546.03	652.41
总计		1 423	18 791.07	206 276.38

资料来源：2014 年上半年中国众筹模式运行统计分析报告，清科研究中心。

通过 2014 年上半年整体数据可以看出，一是股权类众筹模式的融资事件数量高于垂直类众筹模式，二是综合类众筹模式预期融资规模无论在项目数量还是资金规模上依然高于垂直类众筹模式。一方面证明了我国股权众筹模式发展较快，已成为移动互联网、互联网类企业融资的选择途径之一，另一方面表明垂直类众筹在我国尚处于初期，发展空间巨大。

虽然国内众筹领域融资资金规模基本被股权类众筹所占据，但股权众筹领域的资金缺口依然巨大。股权类众筹融资需求近20.36亿元，实际募集金额1.56亿元，市场资金供给规模仅占资金需求的7.64%，这一组数据也侧面反映出我国中小企业融资难、融资渠道有限等问题。

综合类众筹和垂直类众筹属于奖励类产品众筹，并不能像股权众筹模式一样真实地反应中小企业所面临的生存现状。奖励类众筹数据显示，综合类实际融资规模占拟融资规模的83.8%，垂直类众筹项目的实际融资规模是拟融资规模的2.4倍，两种模式基本满足市场融资需求。

BAT等互联网巨头不断尝试进入网络融资—众筹领域（见表6-2），不断推高众筹融资领域的门槛，使得众筹成为各大互联网企业布局互联网金融竞相争取的领域。百度金融从影视作品众筹入手，以“百度钱包”为枢纽，打通爱奇艺、PPS、大数据、百度糯米等强势资源，形成影视O2O的闭环；阿里巴巴即推出“娱乐宝”，通过众筹方式拍电影，预期年化收益率7%。娱乐宝的内核即是众筹融资。淘宝众筹平台，是一个综合性的奖励众筹平台，分为影视、科技、设计等8个项目。截至2014年8月21日，该平台已累计筹款1 365万元，单个项目最多支持人数6.3万人，最多募集资金102万元；而腾讯尚没有推出正式的众筹产品，但腾讯对众筹模式很感兴趣，不排除通过并购的方式进入众筹领域；京东金融第五大业务板块众筹业务“凑份子”首批上线12个产品众筹项目，主攻智能硬件、流行文化两个领域，目标用户则瞄准了3C、IT及热衷流行文化的消费用户。

表6-2 BAT等互联网巨头众筹平台模式和涉及领域

互联网企业	众筹平台模式	涉及领域
百度	百度钱包	影视作品（爱奇艺、PPS、大数据、百度糯米等资源）
阿里巴巴	淘宝众筹平台（淘宝心愿、娱乐宝）	粉丝愿望、音乐、书籍、公益、拍电影
腾讯	微信	筹资上学、朋友圈创业等
京东	凑份子	智能硬件、流行文化

三、众筹相关的法规政策

股权众筹模式，是未来互联网金融领域最具前景的模式，同时也是法律争议最多的模式。2014 年 12 月 18 日，中国证券业协会发布《私募股权众筹融资管理办法(试行)》，为此，此章节集中探讨股权众筹模式。

从操作模式上，股权众筹通常通过一家众筹平台(Funding portals)进行，发起人(Crowdfunding issuers)通过众筹平台发布项目，而投资人(Investors)则通过众筹平台的媒介，对发起人投资。

从投资人角度看，股权众筹实质上就是一种股权投资(Equity investment)形式；而从募集者的角度看，众筹是通过增发股份向投资者募集资金的过程。考虑到众筹是面向不特定公众募集资金，因此，这一募集过程实际上就是向公众发行股票。众筹平台则在其中扮演着融资服务中介的角色。

(一) 股权众筹的国际法律

向公众发行股票的证券发行行为，在几乎任何一个国家都受到严格管制。因此，从法律角度，股权众筹始终处于夹缝中求生存的状态。股权众筹在各国监管程度不一。意大利先拔头筹，在 2012 年 12 月议会通过了“Decreto Crescita Bis”(或称“Growth Act 2.0”)，成为世界上第一个将股权众筹正式合法化的国家。美国的 JOBS 法案为股权众筹确立了基本的监管框架，但具体实施办法还有待 SEC 出台最终的监管规则。澳大利亚也未将面向公众的股权众筹完全合法化，但其《公司法》6D 章节确立的小规模发行制度，却非常具有启发性。其他国家，比如英国，以 Seedrs Limited 为代表的众筹平台已获得英国金融监管局(FSA)的批准，从事类似众筹的募集活动，但英国尚没有正式将众筹从一般规则的角度合法化。

1. 意大利

2012 年 12 月意大利议会通过了“Decreto Crescita Bis”(或称“Growth Act 2.0”)，成为世界上第一个将股权众筹正式合法化的国家。随后，2013 年 3 月，意大利证券监管机构 Commissione Nazionale per le Societàe la Borsa(CONSOB)，相当于美国证监会(Securities and Exchange Commission)，受意大利经济部的委托，发布了众筹监管规则供公众评议，评议期截止到 2013 年 4 月 30 日。随后

CONSOB的五位委员(相当于美国证监会的五位委员)签署了该规则,该规则于2013年7月20日开始生效实施。

该法规定,只有创新性初创企业(Innovative star-up)可以适用该规则,除了行业限制外,该法令还出台了若干指导CONSOB规则制定的一般准则。为了将众筹活动局限于最需要资金的小型公司,存续时间超过48个月的公司没有开展股权众筹的资格,(开始运营后的第二年)年产值超过500万欧元的公司不能通过众筹门户发售股份。而且募集资金中的5%必须来自于专业投资者(Professional investor)或CONSOB注册的特定投资机构;最大募集额每年不超过500万欧元;个人投资必须通过经纪人进行,以遵守反洗钱法规及欧盟市场金融工具指令(the E. U. Markets in Financial Instruments Directive, MiFID),但是对小额投资有豁免条款,每人对每个项目不超过500欧元,每年不超过1 000欧元的投资不受此限制。对于众筹平台,则要求必须在CONSOB注册登记,且主要执行的管理人员应当有金融或保险方面的专业背景,以保护投资者利益和维持市场秩序。

2014年4月,一家初创的软件公司Diaman Tech Srl,通过在线平台Unicaseed,经过三个月的努力,募集了157 780欧元,超出了之前设定的147 000欧元预期目标,完成了意大利新法案通过后的第一例众筹募集。此次众筹的资金来自65个投资者,其中6位投资者购买的份额超过公司总股本的20%。

2. 美国

作为一般性原则,美国《1933年证券法》规定,任何面向公众的公开股票发售,应当在美国证监会(SEC)注册招股书且经SEC同意备案后方可进行。传统的公开发售股票机制,时间冗长、成本高昂,显然不适合初创公司。美国《1933年证券法》也规定了若干豁免注册的条款,其中D条例包含了最常用的避免在SEC注册的豁免条款。D条例规定,公司可以通过三种不同的途径申请免于在SEC注册,每一途径在《1933年证券法》§3(b)(第504条、505条)及§4(2)(第506条)都有具体规定。每条规定有不同的限制条件,因一系列共同的或特殊的原因,很难利用这些规定豁免众筹机构在SEC的注册。

2012年4月,美国总统奥巴马签署通过著名的《创业企业扶助法》(Jumpstart Our Business Starups, JOBS Act),该法案旨在简化创业企业发行股票的程序,帮助创业企业发展。其中JOBS法案的第三部分就是关于众筹的规则。法案规定,符合下列条件的发行人的发行,可以豁免注册:第一,每年募集的资金总额不得超过100万美元。第二，个人投资者12个月内在所有众筹融资平台上投资的资金不得超过如下额度：对于年收入10万美元或以上的人而言，不得超过年收入或净资产的10%；对于年收入低于10万美元的人而言，不得超过2 000美元，或者年收入或净资产的5%(取其中大者)。第三，发行人不得直接进行销售和推销，必须通过经注册的经纪交易商或者经注册的"融资门户网站"进行。经纪交易商和融资门户网站不可招揽投资，提供投资建议，或者按照销售业绩向员工提供酬劳。众筹平台在符合特定条件的前提下，并不要求注册为经纪人。但为了保护投资者利益，发行人和中介机构，必须向投资人和潜在投资人披露特定信息。众筹融资要求发行人至少在首次销售的21天之前，向SEC提交信息披露文件，如果筹资额超过50万美元的话，需要披露额外的财务信息，包括经审计的财务报表。完成一轮众筹融资的公司必须向SEC提交年度报告。与在JOBS法案通过后经修订的D条款506规则(Regulation D Rule 506)对于向获许投资者(Accredited investor)私募资金制定的规定不同，众筹融资不允许做广告，除非只对合适的经纪交易商或者融资门户的直接投资者做广告。该法案要求美国证监会在法案通过后270天发布实施正式监管规则，也就是在2012年12月31日之前提出有关股权众筹融资的规则。但是迟至2013年10月，美国证监会方才发布试行监管规则的征求意见稿，意见征求截止期为2014年2月，但期限届满后证监会并未正式通过该规则，相反，2014年4月，美国证券交易委员会的由21人组成的众筹顾问小组投票认为，其制定的众筹试行方案与JOBS法案概述的精髓及方针相悖。换句话说，众筹监管试行方案需叫停，美国证券交易委员会需重新制定监管方案。

3. 澳大利亚

澳大利亚证券和投资委员会(ASIC)在2012年8月发布了一份新闻稿，陈述了澳大利亚目前法律的一些障碍，并提醒众筹参与人需关注ASIC的相关指引。在澳大利亚从事捐赠式众筹是合法的，而且也并未受到ASIC监管。奖励式众筹则只是受到2010年的《竞争和消费者法》(Competition and Consumer Act 2010)的监管，避免虚假陈述和欺诈消费者。而股权众筹则需适用2001年《公司法》(Corporations Act 2001)及《澳大利亚证券和投资委员会法》(Australian Securities and Investments Commission Act 2001, ASIC Act)，受到ASIC监管。

根据澳大利亚《公司法》的规定，如果通过募集资金，投向一个企业，产生经济利益，并且投资人从中享受经济利益，则构成所谓的“受托管理的投资计划”。当前一个需注册的受管理的投资计划定义为：①参与者超过 20 名成员；②参与者投入资金或资金等价物；③有权从计划中获取收益；④形成资金池或用于同一个企业，产生经济利益；⑤参与人并不参与计划的日常管理或控制。

根据澳大利亚的《公司法》，非公众公司不能发行股份，而公众公司发行股份必须向 ASIC 注册并提交招股书。因此，所有运作受托管理的投资计划的机构和个人，必须将该计划在 ASIC 注册，同时需要提供详细的招股书，并且应通过一个负责实体（比如持有澳大利亚金融服务许可证（AFSL）的公众公司）进行，除非该计划少于 20 名成员或满足其他豁免条件。众筹计划，以及众筹平台网站等，将受到《公司法》5C 章的严格的合规要求约束。

但是比较有启发意义的是，澳大利亚《公司法》6D 章节规定了适用于初创公司（Start-up）的小规模发行制度（Small scale fundraisings）。该制度遵循所谓“20/2/12”规则，如果一个项目在 12 个月内，向不超过 20 名投资人，融资金额低于两百万，则豁免向 ASIC 注册披露文件。非公众公司也可以无需转换为公众公司，无需在 ASIC 注册披露文件，而实现募集。但是考虑到众筹通常是向海量投资者募集，因此往往很难达到豁免要求。不过澳大利亚的小规模发行制度仍然为初创公司解决募集资金问题提供了一个很好的渠道。澳大利亚小规模发行协会（Australian Small Scale Offerings Board，ASSOB）已经发展成澳大利亚最大的服务于创业公司的小规模资金募集机构。

（二）中国法律法规对股权众筹的制约

中国对面向公众发行股票的行为历来严格监管。根据《证券法》第十条规定，公开发行证券，必须符合法律、行政法规规定的条件，并依法报经国务院证券监督管理机构或国务院授权的部门核准或审批；未经依法核准或者审批，任何单位和个人不得向社会公开发行证券。有下列情形之一的，为公开发行：①向不特定对象发行证券的；②向特定对象发行证券累计超过二百人的；③法律、行政法规规定的其他发行行为。在我国现行法律框架下，向不特定对象发行证券或向超过两百人特定对象发行证券，均需报经证监会批准，按照公开发行股票的制度体系，刊登招股书，由证券公司发售。这显然是不适合初创公司众筹需求的。无需批准的情形，只是面向不超过两百人特定对象的私募发行，但非公开发行证券，不得采用广告、公开劝诱和变相公开方式，同样与众筹的特点相背离。

不仅如此，在中国违反上述规定擅自发行股票的行为，还会触犯刑法构成犯罪。《刑法》第一百七十九条规定了"擅自发行股票、公司、企业债券罪"：未经国家有关主管部门批准，擅自发行股票或者公司、企业债券，数额巨大，后果严重或者有其他严重情节的，处五年以下有期徒刑或者拘役，并处或者单处非法募集资金金额百分之一以上百分之五以下罚金。单位也能构成本罪。而且此类犯罪入刑的门槛很低。根据2010年最高人民检察院、公安部《关于公安机关管辖的刑事案件立案追诉标准的规定(二)》和2010年最高人民法院《关于审理非法集资刑事案件具体应用法律若干问题的解释》的规定，未经国家有关主管部门批准，擅自发行股票或者公司、企业债券，发行数额在50万元以上的，或者虽未达到上述数额标准，但擅自向社会不特定对象发行致使三十人以上的投资者购买了股票或者公司、企业债券的，或者向特定对象发行、变相发行累计超过二百人的，便构成犯罪。

因此，在我国开展众筹，很容易触碰违法甚至犯罪的高压线。可见，我国现行法律制度体系严重制约着股权众筹的发展。

(三) 众筹立法的国际经验与中国众筹法律制度构建探讨

1. 众筹立法的国际经验

众筹虽然目前方兴未艾，但前景非常广阔，对解决初创企业融资具有不可比拟的优势和功用，是刺激创业、扶持中小企业发展的有力武器。世界各国都在争相鼓励众筹的发展，从立法角度为众筹铺平道路。分析意大利、美国和澳大利亚等国立法，我们可以总结以下几点经验：

(1) 对小规模公开募股实施豁免，为众筹开展预留空间。从上述意大利、美国和澳大利亚的经验看，众筹均是作为传统公开募股的例外情形处理的，即在传统募股立法体系之内，对小规模公开募股进行豁免，其中主要是豁免证券监管机构的批准及豁免发布招股书。这是国际众筹立法方式的一般经验，即在一般募股规则中设立小规模公开募股的豁免规则，为众筹预留制度空间。

(2) 众筹制度的设计兼顾募股效率与投资者保护。各国均对公开发行证券行为进行严格监管，主要是把保护投资者利益作为重中之重；但与此同时，又对小规模募股网开一面，以期在适度降低投资人保护力度的同时，提升募股效率，降低募股成本，促进初创企业发展。但同时又不放弃对投资者的适度保护。众筹制度中，对投资者的保护主要体现在募股公司仍然需要做适度披露，募股总额作出限定，投资者参与设定门槛，投资金额设置最高额等。

(3) 对众筹平台赋予一定监管责任。众筹平台在众筹过程中发挥着非常重要的媒介作用，各国证券监管机构在豁免对众筹进行审批的同时，其实将一定的监管职责分派给了众筹平台，让其承担相应的责任，履行相应的注意义务。同时，还要求众筹平台在监管机构进行注册，比如意大利要求在CONSOB注册，澳大利亚要求在AFSL注册，美国则规定，众筹平台虽可以不注册为经纪商，但仍需遵守SEC对经纪商的若干规定，同时必须为国家证券协会(National Securities Association)的会员。

2. 中国众筹法律制度构建设想及实施路径探讨

虽然目前众筹在我国还有法律上的重大障碍，但众筹立法已经引起高度关注。中国证监会在2014年3月28日举行的新闻发布会上明确表态，认为“股权众筹融资，可以说是近年来出现的基于互联网平台的创新型融资模式。我们认为，它对于完善多层次资本市场体系、拓宽中小微企业融资渠道、支持创新创业活动和帮助信息技术产业化等，都具有积极意义。证监会目前正在对股权众筹融资进行调研，适时将出台相关指导意见，促进股权众筹投融资的健康发展，保护投资者合法权益，防范金融风险。”2014年6月12日上午，证监会主席肖钢亲自到网信有限公司、北京天使汇创业金融信息服务有限公司进行调研，这两家公司都是提供众筹服务的互联网金融企业。参考意大利、美国、澳大利亚等国的立法实践，笔者就我国的众筹法律制度应当如何构建，提出如下设想：

(1) 在新修订的《证券法》中建立小规模公开发行股票制度。目前在我国发行股票只能通过公开发行和私募方式两种方式。其中私募发行必须向特定对象发行，人数不得超过两百人，且不得有任何广告、公开劝诱等行为，这虽然一定程度上也能满足部分初创企业的融资需求，但与众筹的功效有巨大差异。而《证券法》第二章所规范的公开发行，则只针对中大型企业，设置了较高的发行门槛，并且必须发布详细的招股说明书，发行前需经中国证监会批准，发行过程必须通过证券公司承销股票。在公开发行制度体系内，缺乏对小规模公开发行的豁免规定。2013年12月，全国人大财经委正式成立了证券法修改起草组，正在积极推进证券法修改工作。《全国人大常委会2014年立法工作计划》中，2014年初次审议的法律案包括《证券法》(修改)，初次审议时间定在12月。参考其他国家经验，建议在此次《证券法》修改时，建立小规模公开发行证券制度，对一定额度内的小规模公开发行，豁免证监会审批，豁免发布详尽的招股书、审计报告等，为众筹预留法律空间。但为了兼顾对投资人的保护，可以参考其他国家经验，设定小规模募股的年度限额和单次限额，设定投资人资格，设定投资人年度累计投资规模，要求发行人披露基本信息等。

(2) 规范管理众筹平台，赋予一定监管职责。我国众筹制度虽未出台，但众筹平台却遍地开花，其中很多众筹平台的运作还十分粗糙，这为未来众筹的健康发展带来了潜在的风险。参考其他国家经验，我国对众筹平台也应当纳入规范管理，赋予其一定的监管职责。笔者认为，有两类主体可以成为众筹平台，一类是传统的证券公司，类似于美国的经纪商；一类是非证券公司类的专门众筹平台公司。对于第一类公司，本身就有完善的监管制度体系予以约束，可以结合众筹的特点进行修改和补充，但无需另起炉灶进行监管。对于第二类公司，则应当将其纳入监管体系。可以考虑采取类似中国证监会监管私募基金的做法，要求众筹平台在中国证券业协会或中国证券基金协会等中国证监会直属的协会进行备案登记，取得备案资格后方可运行。同时，从协会层面，制定若干细则，监督其运行，在基础设施、人员资格、交易规范、交易记录保存、内部控制、利益冲突、信息披露、投资者保护、发行人审慎调查等各方面作出要求，让众筹平台在未来众筹市场上发挥核心作用，兼顾为发行人募集资金及保护投资人的双重角色。

(3) 四板市场或可成为众筹试验场。对于公开募股，我国从来没有豁免审批的尝试。考虑到我国金融环境和社会环境的不同，笔者认为，在我国众筹市场初期，如果完全放开，不加任何体系化约束，恐怕会陷入混乱境地，反而不利于众筹的长远发展。因此笔者建议，在市场发展初期，可以借助四板市场作为众筹的试验田。

作为我国多层次资本市场的重要组成部分，区域性股权交易所，俗称四板市场，或可成为绝佳的潜在众筹市场。与全国中小企业股权转让系统(俗称新三板)不同，绝大多数区域性股权交易所，对挂牌企业几乎没任何硬性门槛要求，初创企业可以满足挂牌要求，且成本极低。但相比之下，区域性股权交易所都有当地金融局或金融办公室的监督，都有规范的设施体系和制度体系，运作相对规范。因此，从众筹路径上可以考虑，允许区域性股权交易所(公司)作为众筹平台，为初创企业进行小规模公开募股，并在募股后挂牌，实现基本的信息披露和二级市场流通。这样既能解决信息披露问题、发行人监管问题，又能实现二级市场挂牌交易，解决流通性问题。同时，可以赋予区域性股权交易所“监管权”，独立批准发行，豁免证监会批准及证券法律制度关于信息披露的复杂要求，实现区域性股权交易所的自我监管。在放开众筹的同时，又不至于陷入混乱。待总结初期发展经验后逐步推开，开放多渠道的众筹路径①。

四、众筹典型案例

股权众筹在国内还是初期阶段，各种众筹融资的案例很多，但成功运作的项目却是凤毛麟角。接下来分享国内股权众筹的十个经典案例：

案例一：美微创投——凭证式众筹

朱江决定创业，但是拿不到风投。2012 年 10 月 5 日，淘宝出现了一家店铺，名为"美微会员卡在线直营店"。淘宝店店主是美微传媒的创始人朱江，原来在多家互联网公司担任高管。

消费者可通过在淘宝店拍下相应金额会员卡，但这不是简单的会员卡，购买者除了能够享有"订阅电子杂志"的权益，还可以拥有美微传媒的原始股份 100 股。朱江 2012 年 10 月 5 日开始在淘宝店里上架公司股权，4 天之后，网友凑了 80 万。

美微传媒的众募式试水在网络上引起了巨大的争议，很多人认为有非法集资嫌疑，果然还未等交易全部完成，美微的淘宝店铺就于 2013 年 2 月 5 日被淘宝官方关闭，阿里对外宣称淘宝平台不准许公开募股。

而证监会也约谈了朱江，最后宣布该融资行为不合规，美微传媒不得不向所有购买凭证的投资者全额退款。按照《证券法》，向不特定对象发行证券，或者向特定对象发行证券累计超过 200 人的，都属于公开发行，都需要经过证券监管部门的核准才可。

后来，美微传媒创始人朱江复述了这一情节，透露了比"叫停"两个字丰富得多的故事：

"我的微博上有许多粉丝一直在关注着这事，当我说拿不到投资，创业启动不了的时候，很多粉丝说，要不我们凑个钱给你吧，让你来做。我想，行啊，这也是个路子，我当时已经没有钱了"。

"这让我认识到社交媒体力量的可怕，之后我就开始真正地思考这件事情

---

① 张雅. 股权众筹法律制度国际比较与中国路径[J]. 西南金融，2014 年第 11 期.

了:该怎么策划,把融资这件事情当做一个产品来做。”

于是,朱江在2013年2月开始在淘宝店上众筹。

“大概一周时间,我们吸引了1 000多个股东,其实真正的数字是3 000多位,之后我们退掉了2 000多个,一共是3 000多位投资者打来387万,……目前公司一共有1 194个投资者。”

“钱拿到之后,在上海开了一个年度规划会。我的助手接到一个电话:你好,我是证监会的,我想找你们的朱江。”

“刚开始我很坦然,心想为什么证监会会出来管?去证监会的时候,一路上心情很轻松,但在证监会的门口,我突然心情沉重起来了,应该是门口的石狮子震慑住了我(造这两只石狮子的钱没白花),四个月时间里,我们和证监会一共开了九次会”(显然延续到了媒体说的“叫停”之后)。

“我的律师在北京很有名,通过代持协议达成了这么多投资人的方案。这一协议没有样板,都是一行行给我打好的,律师告诉我,他做的这个代持协议,主要是针对工商、税务和公安做的,没想到是证监会来管我,这是最为开放的一个部门,我的运气很好。”

“第一次会议上我就诚恳地认错,反省自己法律意识淡薄,证监会的领导说我一点都不淡薄,整个法律文件写得相当专业,不是法律意识淡薄的人写的。接下来的八次会议讨论的事情,就是之前的那张代持协议是有效协议还是无效协议,证监会联合多家部门,把我们公司的账都翻了一遍。”

“证监会干的让我觉得最了不起的一件事情,是给1 194个投资人都打过电话。一半的投资人接到电话就直接挂了,都以为是骗子,在群里说,今天遇到骗子打电话来说是证监会,要来了解美微传媒,我告诉他们的确是证监会在调查。”

据朱江描述,证监会重点问了所有投资人两个问题:第一朱江有没有承诺你保本?第二,有没有承诺每年的固定收益率?

当然,朱江后面还能站着讲这个故事,说明这两点都没碰。

在这个事情处理完之后,证监会后来又找到朱江做众筹的调研。在目前的法规下,有两条红线不能碰,第一是向非特定的对象筹集资金,第二条是不能超过200人。按照现有法规,朱江的公司两条都不满足。

但是,这家公司仍然在开办,并且得到鼓励。

“那么,证监会的领导是怎么跟我们讲的呢?领导跟我说:朱江你要相信,政策不可能走到你运营之前,你现在能干的事情就是继续往前走,保持你的合法经营，保持公开、透明的这种经营状态往前走。”

案例二：3W 咖啡——会籍式众筹

互联网分析师许单单这两年风光无限，从分析师转型成为知名创投平台 3W 咖啡的创始人。3W 咖啡采用的就是众筹模式，向社会公众进行资金募集，每个人 10 股，每股 6 000 元，相当于一个人 6 万元。那时正是玩微博最火热的时候，很快 3W 咖啡汇集了一大帮知名投资人、创业者、企业高级管理人员，其中包括沈南鹏、徐小平、曾李青等数百位知名人士，股东阵容堪称华丽，3W 咖啡引爆了中国众筹式创业咖啡在 2012 年的流行。几乎每个城市都出现了众筹式的 3W 咖啡。3W 很快以创业咖啡为契机，将品牌衍生到了创业孵化器等领域。

3W 的游戏规则很简单，不是所有人都可以成为 3W 的股东，也就是说不是你有 6 万元就可以参与投资的，股东必须符合一定的条件。3W 强调的是互联网创业和投资圈的顶级圈子。而没有人是会为了这 6 万元未来可以带来的分红来投资的，更多是 3W 给股东的价值回报在于圈子和人脉价值。试想如果投资人在 3W 中找到了一个好项目，那么多少个 6 万元都赚回来了。同样，创业者花 6 万元就可以认识大批同样优秀的创业者和投资人，既有人脉价值，也有学习价值。很多顶级企业家和投资人的智慧不是区区 6 万元可以买的。

会籍式的众筹方式在中国创业咖啡的热潮中表现得淋漓尽致。会籍式的众筹适合在同一个圈子的人共同出资做一件大家想做的事情。比如 3W 这样开办一个有固定场地的咖啡馆方便进行交流。其实会籍式众筹股权俱乐部在英国的 M1NT Club 也表现得淋漓尽致。M1NT 在英国有很多明星股东会员，并且设立了诸多门槛，曾经拒绝过著名球星贝克汉姆，理由是当初小贝在皇马踢球，常驻西班牙，不常驻英国，因此不符合条件。后来 M1NT 在上海开办了俱乐部，也吸引了 500 个上海地区的富豪股东，主要以老外圈为主。

案例三：大家投自众筹——天使式众筹

2012 年 12 月 10 号，李群林把他的众筹网站——“大家投”（最初叫“众帮天使网”）搬上了线。在这之后的 10 个月内，他做了 5 件“大事儿”——给“大家投”众筹了一笔天使投资、推出领头人＋跟投人的机制、推出先成立有限合伙企业再入股项目公司的投资人持股制度、推出资金托管产品“投付宝”，“大家投”有了第一个自己之外的成功案例。

李群林之前是做技术和产品的,2012 年想创业,可钱不够,想找投资却不认识天使投资人。环顾一圈,中国创业这么热,像他这样没有渠道推广自己的想法,苦于找投资人的创业者比比皆是。同时,除了那些能几十万上百万投资的天使投资人之外,中国还有大把有点存款、闲钱的人。而且,目前中国的天使投资人还太少,远不能满足创业者的需求。李群林想到做一个众筹网站,把创业者的商业想法展示出来,把投资人汇聚起来,让他们更有效率地选择。

那时,中国最早的众筹网站"点名时间"已经推出 1 年多,最开始李群林也想上去碰碰运气,看看能不能先帮自己筹到项目资金。但他发现,"点名时间"采用的是预购的方式,就像当时的法律规定那样,众筹网站给支持者的回报不能涉及现金、股票等金融产品,也就是对支持者来说,参与众筹是一项购买行为。李群林觉得这对自己来说有些不实际,自己做互联网项目,推出的大多是虚拟产品和服务,而且鉴于中国互联网的免费特征,很难事先跟支持者约定回报的方式。不仅对自己不适用,李群林也觉得这种认购的方式吸引力有限。买东西的动力不足,仅为了帮别人实现理想就拿出钱财支持这也不太适合国人的务实精神,至少难以扩散开来。李群林判断,把众筹作为一种购买行为会限制它的成长速度和规模,他觉得作为投资行为更符合大家参与众筹的需求。于是,他决定做一个股权融资模式的众筹网站。

第一个实验对象就是他自己的项目"大家投"。李群林把"大家投"的项目说明放在了网站上。那时,他的想法特别简单,创业者把自己的项目展示在网站上,设定目标金额和期限,投资人看了觉得不错就来沟通,然后投资成为项目股东,投的人多了逐渐把钱凑齐。众筹完成,平台收取服务费。

不久,有人给他建议,这么搞是不行的。投资需要专业能力,投资人需要带动,最好是设立领投人+跟投人的机制,可以通过专业的投资人,把更多没有专业能力但有资金和投资意愿的人拉动起来,这样才能汇聚更多的投资力量。同时,在投资过程中和投资后管理中,有一个总的执行人代表投资人进入项目公司董事会行使项目决策与监督权力。李群林采纳了这条建议,为"大家投"增加了这一条规则,投资人可以自行申请成为领投人,平台审核批准之后就可以获得这一资格。

"要想众筹得快,最好是创业者熟人+生人的结合",聊起现在网站上还没筹资成功的项目,李群林反复强调这句话。众筹是个汇聚陌生人的平台,创业者最好能先发动自己的熟人支持自己,然后由这些熟人的行为带动平台上的陌生人。

这是李群林的经验之谈,"大家投"项目 3 个月时间成功筹得 100 万人民币,在项目团队只有自己一个人的情况下获得共计 12 个投资人的支持就是这样做到的。

"大家投"的 12 名投资人中,有投资经验的只有 5 个人。这有点像美国人所说的最早的种子资金应该来自于 3F,Family(家庭),Friends(朋友)和 Fool(傻瓜)。

在先被一些天使投资人拒绝之后,李群林把目光转向了微博与各类创投沙龙活动,在上面找认同他的人。最后,他找到深圳创新谷的合伙人余波,余波觉得"大家投"的股权融资众筹模式是当时能填补初创企业融资渠道空白、构筑微天使投资平台的业务模式,所以决定做一做这种金融创新背后的推手。于是,创新谷成为了"大家投"这个项目本身第一个投资者,也是唯一一个机构投资者。有了创新谷的信用背书,"大家投"又成功吸引了后面 11 个跟投人。这一共 12 位投资人分别来自全国 8 个城市,6 人参加了股东大会,5 人远程办完了手续,这里面甚至有四个人在完全没有接触项目的情况下决定投资。

"大家投"网站模式是:当创业项目在平台上发布项目后,吸引到足够数量的小额投资人(天使投资人),并凑满融资额度后,投资人就按照各自出资比例成立有限合伙企业(领投人任普通合伙人,跟投人任有限合伙人),再以该有限合伙企业法人身份入股被投项目公司,持有项目公司出让的股份。而融资成功后,作为中间平台的"大家投"则从中抽取 2%的融资顾问费。

如同支付宝解决电子商务消费者和商家之间的信任问题,大家投将推出一个中间产品叫"投付宝"。简单而言,就是投资款托管,对项目感兴趣的投资人把投资款先打到由兴业银行托管的第三方账户,在公司正式注册验资的时候再拨款进公司。投付宝的好处是可以分批拨款,比如投资 100 万,先拨付 25 万,根据企业的产品或运营进度决定是否持续拨款。

对于创业者来讲,有了投资款托管后,投资人在认投项目时就需要将投资款转入托管账户,认投方可有效,这样就有效避免了以前投资人轻易反悔的情况,会大大提升创业者融资效率;由于投资人存放在托管账户中的资金是分批次转入被投企业,这样就大大降低了投资人的投资风险,投资人参与投资的积极性会大幅度提高,这样也会大幅度提高创业者的融资效率。

社交媒体的出现,使得普通人的个人感召力可以通过社交媒体传递到除朋友外的陌生人,使得获得更多投资资金创业公司成为可能。

案例四:罗振宇用众筹模式改变了媒体形态

2013年最瞩目的自媒体事件:也似乎在证明众筹模式在内容生产和社群运营方面的潜力:《罗辑思维》发布了两次“史上最无理”的付费会员制:普通会员,会费200元;铁杆会员,会费1200元。买会员不保证任何权益,却筹集到了近千万会费。大家愿意众筹养活一个自己喜欢的自媒体节目。

而《罗辑思维》的选题,是专业的内容运营团队和热心罗粉共同确定,用的是“知识众筹”,主讲人罗振宇说过,自己读书再多积累毕竟有限,需要找来自不同领域的牛人一起玩。众筹参与者名曰“知识助理”,为《罗辑思维》每周五的视频节目策划选题,由老罗来白活。一个中国人民大学叫李源的同学因为对历史研究极透,老罗在视频中多次提及,也小火一把。要知道,目前《罗辑思维》微信粉丝150余万,每期视频点击量均过百万。

罗振宇以前是央视制片人,正是想摆脱传统媒体的层层审批和言论封闭而离开电视台,做起来自己的自媒体。靠粉丝为他众筹来养活自己,并且过得非常不错。这是自媒体人给传统媒体人的一次警示。

案例五:乐童音乐众筹——专注于音乐项目发起和支持的众筹平台

据乐童音乐创始人马客介绍,近期完成了一个百万级的音乐硬件类产品众筹。成为原始会众多成功融资经典案例之一。马客表示,目前乐童音乐的主要支出是人力成本,所得融资会更多地去做产品,内容上也会有变化,多去拓展音乐衍生品、艺人演出方面,突破现有音乐产业模式,探讨更多新的可能。

马客认为,众筹模式已经改变了很多的行业和链条,这种方式很有价值,之前曾入驻众筹网开放平台,在乐童音乐的资源整合以及产品曝光方面帮助不小。此次再次与网信金融旗下的原始会合作发起融资,他表示很受益,对股权众筹这种全新的融资方式抱有信心。

作为专注于做音乐的垂直类众筹网站,乐童音乐在音乐众筹,音乐周边的实物预售等方面已经取得了不小的成绩,在业内颇有名气。

当谈及乐童音乐能够成功融资的秘诀时,他认为,除了明确的商业目标和未来规划,对于一个初创企业来说,投资人很看重团队的执行力,因为这会直接影响到企业的运作。

据了解,除了乐童音乐,原始会还帮助过许多的企业成功融资。公开资料显示，原始会的合作创业项目已有 2 000 多个，投资人（机构）超过 1 000 位，成功融资的项目已有 8 个，融资额已经超过 1 亿元。

原始会 CEO 陶烨表示，基于互联网的优势，众筹最终也会把传统线下融资改为线上融资。一方面，投资人可以在这个平台上找到海量的融资。另外一方面，投资变化也可以在我们这个平台上找到，不会有一对一线下的渠道可以找到。此外，在这个平台上，互联网投融资双方，可以在这种海量信息中快速配对，快速找到买家和卖家。乐童音乐之所以能够快速在原始会融资成功，主要在于其项目足够优秀。“互联网金融是新兴行业，股权众筹市场潜力非常大，把线下的传统投融资，逐渐转到线上投融资，它是一个变革性的东西，是一次革命。”

案例六：天使汇自众筹——突破国内融资记录

2013 年 10 月 30 日，天使众筹平台天使汇在自己的筹资平台启动众筹，为天使汇自己寻求投资。截止到 2013 年 11 月 1 日 5 时 30 分，天使汇目前的融资总额已经超过 1 000 万，超过天使汇自己设定的融资目标 500 万一倍，创下最速千万级融资记录。

天使众筹平台天使汇（Angel Crunch）成立于 2011 年 11 月，是国内排名第一的中小企业众筹融资平台，为投资人和创业者提供在线融资对接服务，是国内互联网金融的代表企业。天使众筹即多名投资人通过合投方式向中小企业进行天使轮和 A 轮投资的方式，相比传统的投融资方式，天使汇为创业者提供了一个更规范和方便的展示平台，为创业者提供了一站式的融资服务。

案例七：联合光伏用众筹模式改变了企业融资

股权众筹虽然一直以来颇受争议，但仍然改变不了这种企业用众筹项目融资的热情。2015 年 2 月，联合光伏在众筹网发起建立全球最大的太阳能电站的众筹项目，该项目是典型的股权众筹模式。

该项目预计筹资金额为 1 000 万元，每份筹资金额为 10 万元，每个用户最多购买一份，所有支持者都将会成为此次项目的股东。截止到现在，项目已经超额完成了预定任务，总计筹资金额达到 1 000 万元。

联合光伏这个项目无论是从规模上还是从具体实施上都给整个众筹行业起到了示范作用。而对于股权众筹受争议的部分，随着 2014 年美国 JOBS 法案签署，2015 年证监会正式将股权众筹放到讨论事项，股权众筹得到相关法律支持的可能性非常大。到相关法律规定出台之时,相信一定还会有其他企业仿效联合光伏,用众筹的模式进行融资。

案例八:乐视用众筹开创了企业利用众筹营销的先河

国内知名视频网站乐视网牵手众筹网发起世界杯互联网体育季活动,并上线首个众筹项目——“我签 C 罗你做主”,只要在规定期限内,集齐 1 万人支持(没人投资 1 元),项目就宣告成功,乐视网就会签约 C 罗作为世界杯代言人。届时,所有支持者也会成为乐视网免费会员,并有机会参与一系列的后续活动。这可能是国内第一次用众筹方式邀请明星。

这次众筹项目的意义在于开创了企业利用众筹模式进行营销的先河。首先,利用了众筹模式潜在的用户调研功能。乐视网此次敢于发布签约 C 罗的项目,相信乐视网就早已准备好了要跟 C 罗签约世界杯,通过此次与众筹网联合,可以让乐视网在正式签约之前,进行一次用户调研。其次,乐视网通过与众筹网的联合,给签约 C 罗代言世界杯活动进行了预热。乐视网充分利用了众筹潜在的社交和媒体属性,在世界杯还没到来的时候就做出了充分的预热。最后,乐视网可以借助此次活动拉动世界杯的收视,并且为正式签约 C 罗之后的活动积累到用户。

乐视网的这一创举一方面让众筹网越来越多地进入大家的视线,另一方面也给整个众筹行业起到了带动作用。但隐藏在活动背后,值得其他有相同想法的企业思考的是,通过众筹网,企业还可以怎么玩。

案例九:李善友用众筹模式改变创业教育

“求捐助! 交学费! 不卖身! 只卖未来!”继 91 助手熊俊、雕爷牛腩孟醒等一批创业者高调网上众筹之后,微窝创始人钱科铭也紧随其后,于前几日在微博朋友圈喊话,向粉丝卖未来,筹集上“中欧创业营”的 11.8 万元学费。

“众筹学费”正是中欧创业营创始人李善友教授给新学员们布置的第一次实践任务,学员需要运用互联网思维来为自己筹集学费。而网上这些或真诚或诙谐的文章就出自于中欧创业营的第三期“准”学员们。

案例十:HER COFFEE 咖啡——海归白富美众筹

如果要说当下最时髦的互联网金融概念,非众筹莫属。但近日却爆出了 66

位海归白富美众筹的HER COFFEE咖啡店经营不到一年就濒临倒闭的消息。在经历了起初的喧嚣后,如今越来越多的众筹咖啡店陷入了亏损窘境。众筹咖啡店为何玩不转呢?

记得有位女性作家说过,每个女孩内心深处都驻扎着几个梦想精灵,其中就包括开一家属于自己的咖啡店的梦想。只是过去敢把梦想变为现实的女孩少之又少,然而借助众筹的力量,66位来自各行各业的海归白富美,每人投资两万元,共筹集132万元在北京建外SOHO开了一家咖啡馆,名字叫Her Coffee。

这些美女股东几乎都有国外名校的背景,大多就职于投行、基金、互联网行业,最初只是八九个人凑在一起想开个咖啡店,因为钱不够,于是又各自拉进来不少朋友,最后开了这家被称为“史上最多美女股东”的咖啡馆。

记得开业当天,影视明星李亚鹏,主持人王梁、李响,暴风影音CEO冯鑫,银泰网CEO廖斌等众多明星、企业家都前来捧场,好不热闹。

当初,这家咖啡店的股东们声称她们将会举办各种主题活动,以吸引创业女性来此聚集,可谁曾想到开业不到一年,却传出要关店的消息。股东之一的李彤说,目前她们确实在商讨这个问题。她说:“可能是一个准备吧,你有几个决定都需要通过股东大会嘛。比如说新的股东介入啊,没有的话是不是要暂时闭店,是不是要换地方啊。如果我们没有新的方案出来那就闭店,然后再选新地方。”

事实上,Her Coffee的情况并非个案,长沙一家吸纳了144个股东的众筹咖啡馆,同样在摸索近一年后,因为持续亏损,正面临倒闭;杭州一家有110名股东的众筹咖啡馆开业一年半,同样收支从来没有实现过平衡。同样例子不胜枚举。

然而有意思的是,几乎所有众筹咖啡店的小老板们,在当初开店时被问及如果今后经营业绩不佳该怎么办时,几乎清一色回答是“我们不以营利为目的”。在他们看来,众筹咖啡店不但是一种很新颖有趣的创业形式,而且咖啡店本身所散发的小资情调和天然的交流平台的功能,才是他们最为看重的卖点。

只是套用一句有点烂俗的话:理想很丰满,现实很骨感。不营利并不代表能保证不亏损,不以营利为目的不代表亏钱了也无所谓。之所以不少众筹咖啡店在经营将近一年时传出面临倒闭的新闻,正是因为当初开店时众筹的原始资金只够第一年初始投资费用,即装修、家具、咖啡机等一次性硬件投入和第一年的租金。假如第一年咖啡店持续亏损,则意味着咖啡店只有两条出路:要不就是进行二次众筹,预先筹集到第二年的房租、原料、水电、员工等刚性成本,继续烧钱;要不就是关门歇业,一拍两散。

事实证明，对大部分参与众筹的股东来说，“不以营利为目的”甚至“公益性质”的说辞只是一种冠冕堂皇的高调子，毕竟砸进去的是几千甚至几万元血汗钱，大部分股东还是希望咖啡店能赚钱并给自己带来投资回报，即使不赚钱，如果咖啡店能维持经营也行。但如果持续亏损，那这个资金缺口谁来承担呢？第一次众筹成功依靠的是希望和梦想，当盈利希望破碎后，又有几人愿意再通过二次众筹，往这个亏损的无底洞里砸钱呢？因此关门歇业成了最理性的选择①。

五、众筹的未来发展

(一) 众筹融资对中小企业发展的意义

在我国经历了30多年的改革开放之后，传统的经济发展模式遭到了前所未有的挑战，本届政府已经定调积极推进中小企业的发展，通过鼓励中小企业自主创新，产业升级，使中国摆脱中等收入陷阱，实现中国成为经济强国的目标。而小微企业融资难的问题一直是中国经济一大难题之一，众筹的出现给解决中小企业融资难问题提供了一个全新的方向，同时也给中小企业的创新起到了推动作用，具体如下：

(1) 中国存在利率双规制问题，中小企业承担着利率双轨制的不利影响，一直以来融资十分困难，国企的债务资本成本普遍高于民企，而中小企业由于缺少必要的担保和大额的利润保障，融资成本较高。众筹业给中小企业开拓了一条新的融资渠道，有助于中小企业降低融资成本。

(2) 众筹的出现给投资者创造了一个新的投资方式，这对其他融资渠道的发展起到了推动作用，更进一步推动了金融创新。通过促进多渠道的融资方式，提高了市场的竞争性，可以降低整个市场的信息不对称，减少了中间环节，使中小企业融资成本降低的同时，给投资者带来了相对以前更高的回报。

(3) 众筹的出现给了那些有好想法，但是由于公司规模过小、盈利模式未成熟的中小企业开辟了融资渠道，有助于新型创新性企业的发展。

---

① CEO公会.中国众筹的十个经典案例[EB/OL]. CEO公会，http://www.ceounion.com/allcontent/index/?lid=222，2014-7-30.

（二）众筹发展的三大趋势

1. 阳光化——股权众筹纳入监管明年有望爆发

2014年12月18日，中国证券业协会发布《私募股权众筹融资管理办法（试行）》。这是首个互联网金融监管办法，将股权众筹融资定性为私募性质，对融资的发起人以及投资者门槛、投资者保护、自律管理等做了规定。股权众筹的阳光化由此提速。

李耀东说，监管政策明确，股权众筹明年会更加火爆。好买财富研究员何波分析，办法出台对股权众筹进行了初步的规范和限制，为未来股权众筹的发展指出了方向。

2. 细分化——整合上下游深耕垂直行业

“国内的商品众筹确实有点预售的意味，不过已经在开展探索了，目前已隐约呈现出一些方向。”李耀东说，其中一个重要方向就是垂直化，目前少有的几个盈利平台基本都是专注于细分行业，比如音乐众筹。这类平台专门做某一类产品，可以整合上下游服务和产业链，比预售、团购更深，不单单是发布项目。未来这类平台会越来越多。

他认为，垂直类众筹平台不仅在于为项目提供资金，而是以平台为依托，提供人才、渠道、管理等多方面的支持，目的是成为依托网络的产业资源整合平台，帮助创业项目或创意人完成整个项目流程，实现自我提升乃至职业发展。这个趋势在电影、音乐等文创类垂直众筹平台表现得比较明显。

在李耀东看来，对于还处在起步阶段的国内众筹行业而言，更重要的是这个模式是不是能吸引好项目，是不是可以显著降低好项目的融资成本。

3. 资本化——资金扎堆涌入BAT争相布局

根据此次发布的管理办法，券商也可做众筹平台了：证券经营机构可以直接提供股权众筹融资服务。此外，上市公司也在通过众筹平台开展产品众筹；一些金融机构也在介入。在这场盛宴中，百度、阿里和京东已经布局了：2014年4月，百度宣布上线众筹频道，从影视作品众筹入手；阿里在2013年双12期间，就试探性地推出了众筹平台淘星愿，2014年更名为淘宝众筹；2014年7月，京东宣布旗下众筹业务凑份子上线。

互联网金融千人会四川分会副秘书长毛辉对记者分析说：“可以预见，更多的资金和机构将加入众筹行业，当然传统的金融机构也不甘落后。金融机构具有资金优势，对传统企业很了解，预计会越来越多、越来越深地涉足众筹行业。”

（三）众筹的前景预测

众筹作为互联网金融表现的重要形式，在将来必定会不断发展和完善，并逐渐成长为我国金融市场一种重要的、行之有效的、形式多样的新型融资方式。作为金融脱媒大背景下的一种创新，虽然它的发展还面临着各种合规性的问题，但它在未来中国经济发展中必然会占有一席之地[①]。

① 施少卿．众筹模式在中国的发展前景分析[J]．中国市场，2014(9)．

第七章

大数据金融

一、什么是大数据金融

大数据金融是指集合海量非结构化数据，通过对其进行实时分析，可以为互联网金融机构提供客户全方位信息，通过分析和挖掘客户的交易和消费信息掌握客户的消费习惯，并准确预测客户行为，使金融机构和金融服务平台在营销和风险控制方面有的放矢。基于大数据的金融服务平台主要指拥有海量数据的电子商务企业开展的金融服务。大数据的关键是从大量数据中快速获取有用信息的能力，或者是从大数据资产中快速变现的能力。因此，大数据的信息处理往往以云计算为基础。

“大数据”这个术语最早期的引用可追溯到 apache org 的开源项目 Nutch。当时，大数据用来描述为更新网络搜索索引需要同时进行批量处理或分析的大量数据集。早在 1980 年，著名未来学家阿尔文·托夫勒便在《第三次浪潮》一书中，将大数据热情地赞颂为“第三次浪潮的华彩乐章”。不过，大约从 2009 年开始，“163 大数据”才成为互联网信息技术行业的流行词汇。对于“大数据”(Big data)研究机构 Gartner 给出了这样的定义。“大数据”是需要新处理模式才能具有更强的决策力、洞察发现力和流程优化能力的海量、高增长率和多样化的信息资产。大数据由此是互联网金融的一种模式。未来的趋势里 P2P 网贷与大数据相结合飞速发展①。

---

① 互联网金融百度百科词条

二、大数据金融的发展现状

随着计算机及互联网通信技术的兴起和发展，在过去的几十年间，金融行业在不断被改变，有两种互联网金融的表现形式引人注目。

一种是越来越多的传统金融交易和服务因互联网技术得以升级和替代：从各类大小额不同币种的电子支付系统的逐步使用，发展到电子化证券或货币交易结算系统几乎完全取代了人工场内交易，到现在由互联网提供了几乎全部类型的银行信贷、证券交易、保险理财等服务。

另一种是以第三方支付为突破口，使互联网企业跻身网络小额信贷等金融领域，比如阿里巴巴利用网络平台和用户数据，为用户提供信贷、支付结算等金融服务，在服务对象和贷款技术等方面取得突破，对传统金融体系形成了挑战，也促使传统金融机构越来越重视互联网的作用。

人们普遍认识到，互联网金融不是互联网和金融的简单加总。在上述两类现象之外，更深层次的变化是一些基于互联网应用的特有技术、商业模式和产品开始出现，金融体系正随之经历着新的变革。但究竟什么才是互联网金融有别于传统金融的重要特征，还未被理论界和实务界广泛讨论。

（一）大数据时代

数据一直是信息时代的象征。2011 年 5 月麦肯锡全球研究院发布了报告《大数据：创新、竞争和生产力的下一个新领域》后，大数据的概念备受关注。金融业是大数据的重要产生者，交易、报价、业绩报告、消费者研究报告、官方统计数据公报、调查、新闻报道无一不是数据来源。金融业也高度依赖信息技术，是典型的数据驱动行业。互联网金融环境中，数据作为金融核心资产，将撼动传统客户关系、抵/质押品在金融业务中的地位。例如，信用卡消费记录中早就包含消费时的位置信息，现在就可以被互联网金融利用。

在麦肯锡报告中，大数据的“大”通常是指数据量大到超过传统数据处理工具的处理能力，是相对和动态的概念。后来，大数据又被引申为解决问题的方法，即通过收集、分析海量数据获得有价值信息，并通过实验、算法和模型，从而发现规律、收集有价值的见解和帮助形成新的商业模式。

一般认为，大数据有四个特点(4 个“V”)：

第一，数据体量（Volume）巨大，目前数据级别已从 TB 跃升到 PB（1 petabytes＝1 024×terabytes，1 terabytes＝1 024×1 gigabytes；1 gigabyte＝1 024 megabytes）。随着底层技术的发展，从各类互联网设备和应用中产生信息的增长速度惊人，大量信息来源于金融交易、客户互动和物联网。

第二，数据类型（Variety）繁多。物联网、云计算、移动互联网、车联网、手机、平板电脑、PC 以及遍布地球各个角落的各种各样的传感器，都在产生各种类型的数据。移动互联网、各类搜索及社交网络（如 Facebook、网络日志、微博）兴起，地理位置、音频、文本、视频、图片等非结构化数据出现，使得人们的思想言论、日常行为和情绪等生活信息的细节化测量和大量收集，这也被称为用户生成内容（UGC，User Generated Content）。企业从合作伙伴、客户、业务部门甚至员工收集信息的能力也越来越强。

第三，价值密度低，商业价值（Value）高。一条数小时的监控视频，可能有用的数据仅有一两秒。但如果能从海量数据中发掘出更符合用户兴趣和习惯的产品和服务，大数据将成为企业竞争力的重要来源。

第四，处理速度（Velocity）快。这和传统的数据挖掘技术有着本质的不同。

（二）大数据与金融创新

大数据已经促进了高频交易、社交情绪分析和信贷风险分析三大金融创新。

1. *高频交易（high-frequency trading）和算法交易（algorithmic trading）*

以高频交易为例，交易者为获得利润，利用硬件设备和交易程序的优势，快速获取、分析、生成和发送交易指令，在短时间内多次买入卖出，且一般不持有大量未对冲的头寸过夜。来自各方面的统计预测综合显示，2009 年以来，无论是美国证券市场，还是期货市场、外汇市场，高频交易所占份额已达 40％到 80％。随着采取这类策略的高频交易越来越多，其负面效应凸显且利润大幅下降。芝加哥 Rosenblatt 证券咨询公司的研究显示，2012 年高频交易公司的利润比 2009 年下降了 74％。

现在的高频交易开始采取“战略顺序交易”（Strategic sequential trading），即通过分析金融大数据，以识别出特定市场参与者留下的足迹。例如，如果一只共同基金通常在收盘前一分钟的第一秒执行大额订单，能够识别出这一模式的算法将预判出该基金在其余交易时段的动向，并执行相同的交易。该基金继续执行交易时将付出更高的价格，使用算法的交易商可趁机获利。

2. 通过收集、分析社交媒体上的内容进行市场情绪分析

伴随 Twitter 日发消息超过 5 亿条，Facebook 日均用户超过 10 亿，社交媒体数据应用已经成为互联网商业模式的重要组成部分。研究者在这方面有不少发现：英国布里斯托尔大学的团队研究了从 2009 年 7 月到 2012 年 1 月，由超过 980 万英国人创造的 4.84 亿条 Twitter 消息，发现公众的负面情绪变化与财政紧缩及社会压力高度相关。惠普实验室的社交计算研究主管伯纳多·休伯曼在《网页法则》一书里，把人们发布的微博与现实世界发生的事情之间的关系，称之为"注意力经济学"。他发现可以通过分析人们发布的微博来准确预测票房收入。

金融市场的投资者试图开始将研究与应用结合起来。大约两年前，对冲基金开始从 Twitter、Facebook、聊天室和博客等社交媒体中提取市场情绪信息，开发交易算法。例如一旦从中发现有自然灾害或恐怖袭击等意外信息公布，便立即抛出订单。2008 年，精神病专家理查德·彼得森筹集了 100 万美元在美国加州圣莫尼卡建立了名为 MarketPsy Capital 的对冲基金，通过追踪聊天室、博客、网站和微博，以确定市场对不同企业的情绪，再据此确定基金的交易策略。到 2010 年，该基金回报率达 40%。巴黎三位拥有行为金融学背景的交易员经营的 IIBremans，针对法国 CAC40 指数提供情绪分析；位于伦敦的小型对冲基金 DCM 资本从 Facebook 和 Twitter 等社交媒体收集信息，将人们对某个金融工具的情绪进行打分，并向零售客户发布预测，辅助投资者作出投资决定①。

3. 加强风险的可审性和管理力度，支持精细化管理

金融机构希望能够收集和分析大量中小微企业用户日常交易行为的数据，判断其业务范畴、经营状况、信用状况、用户定位、资金需求和行业发展趋势，解决由于小微企业财务制度的不健全，无法真正了解其真实的经营状况的难题。

阿里小贷首创了从风险审核到放贷的全程线上模式，将贷前、贷中以及贷后三个环节形成有效联结，向通常无法在传统金融渠道获得贷款的弱势群体批量发放"金额小、期限短、随借随还"的小额贷款。

首先，通过阿里巴巴 B2B、淘宝、天猫、支付宝等电子商务平台，收集客户积累的信用数据，利用在线视频全方位定性调查客户资信，再加上交易平台上的客

① 鲁曜. 大数据在互联网金融发展中的作用[EB/OL]. http://qkzz.net/article/677a6563-cd0e-47bd-897d-a7e67756e8ba.htm.

户信息(客户评价度数据、货运数据、口碑评价等),并对后两类信息进行量化处理;同时引入海关、税务、电力等外部数据加以匹配,建立数据库模型。

其次,通过交叉检验技术辅以第三方验证确认客户信息的真实性,将客户在电子商务网络平台上的行为数据映射为企业和个人的信用评价,通过沙盘推演技术对地区客户进行评级分层,研发评分卡体系、微贷通用规则决策引擎、风险定量化分析等技术。

第三,在风险监管方面,开发了网络人际爬虫系统,突破地理距离的限制,捕捉和整合相关人际关系信息,并通过逐条规则的设立及其关联性分析得到风险评估结论,结合结论与贷前评级系统进行交叉验证,构成风险控制的双保险。阿里小贷还凭借互联网技术监控贷款的流向:如果该客户是贷款用于扩展经营,阿里小贷将会对其广告投放、店铺装修和销售进行评估和监控①。

(三)大数据正在重构整个金融行业

与传统金融相比,大数据给互联网金融不仅带来了金融服务和产品创新以及用户体验的变化,创造了新的业务处理和经营管理模式,对金融服务提供商的组织结构、数据需求与管理、用户特征、产品创新力来源、信用和风险特征等方面产生了重大影响,显著提升了金融体系的多样性,也对金融监管和宏观调控等方面提出了新的课题。

1. 大数据挑战金融机构内部的传统部门划分

金融机构中不同部门都在不断积累大量数据:抵押贷款部门储存和处理能充分描述其贷款客户的海量数据;外汇、债券、货币和股票及衍生品交易部门从全球收集能影响资产价格变化的信息,并试图建立前瞻性模型;零售银行部门则在收集和分析客户行为实时信息;研发、客户交易、市场开发或服务运营等各个部门也隐藏了海量数据。由于缺乏大数据分析技术和跨部门沟通战略,各部门难以了解不同金融市场之间的关系,或者对同一客户的看法发生分歧,妨碍了信息的及时利用。

已经有一些企业正试图打破这样的切割,推动跨职能部门的数据整合,甚至寻求外部供应商和客户的外部信息。例如,美国纽约的 Movenbank 移动银行通过与传统商业银行合作开拓移动银行新业务,帮助其解决内部机构割裂问题。

---

① 杨秀萍. 大数据在互联网金融风控中的应用研究[J]. 电子世界,2014(9).

英国 ERN 公司计划利用用户的交易历史、消费习惯，参照交易位置和时间数据，向银行和商家提供相关数据服务和咨询。

2. 大数据打破金融机构对客户的信息垄断

大数据有助于提升金融市场的透明度。金融客户的信用状况将随着其资产、经营和各类交易状况的变化而变化，传统商业银行利用投入大量人力和财力，建立特有的信息收集、分析和决策体系，以解决信息不对称问题。近年来，互联网金融平台直接收集潜在的金融交易双方信息，形成了新的金融信息来源模式，金融客户信息、交易价格信息和社会经济状况等数据更为精细和透明，使利率形成更为准确和市场化。

新一代互联网金融企业更可能在价值链中扮演中介角色。例如，一家运输公司在经营过程中意识到自己正在收集全球产品运输的海量信息，已开始专门销售这些信息产品。与之相类似的，第三方支付企业也发现了海量支付信息的巨大商业价值。随着价格信息在网上及线下大量扩散，包括基金销售机构在内的各类企业正在提供自动编辑数百万种商品信息的比价服务，这对消费者创造了巨大价值。

新兴市场欠缺成熟的征信机构，有些公司利用申请者的社交网络，加以分析后得出信用评分。例如，德国 Kreditech 贷款评分公司、美国 Movenbank 移动银行、中国香港的 Lenddo 网络贷款公司以及 Connect. Me、TrustCloud、Briiefly、Reputate 等新型中介机构试图设计打造能反映大数据时代互联网金融信用的平台：说服 LinkedIn、facebook 或其他社交网络开放资料，结合用户在各网站的活动记录，通过自行开发的软件、算法等，分析客户的同事、好友信息(特别是信用状况)，建立归纳与收集信用资料的标准化格式，作为客户获得信用评分的重要依据，将社交网络资料转化成个人互联网信用。Movenbank 对客户进行风险评估的核心概念称为 CRED，除了参考个人传统信评分数，也纳入 eBay 等平台的交易评价、网络汇款记录等因素，还会计算 Facebook 好友人数、LinkedIn 人脉对象、Klout 影响力分数等社交参与连结程度。

3. 大数据将支撑更迅速、更灵活的决策，带来更贴近客户需求的产品创新

互联网金融借助社交网络等新平台产生了海量用户和数据，记录了用户群体的情绪，但大数据库无法自己总结人类行为模式的规律。计算机科学家、统计学家正在开始与社会科学家协作，找到把大数据策略和小数据研究相结合的新途径。利用互联网，金融企业也可以对其客户行为模式进行分析(比如事件关联

性分析),这类似于工程上的“对照实验”,即观察、测试不同条件下,机构投资者或普通金融消费者对产品的反应,识别其中的因果关系,提高客户转化率,改善服务水平,实现互联网金融的精准营销。例如,领先的零售企业通过监控客户的店内走动情况及其与商品的互动,与交易记录相结合开展实验,就可以指导选择商品种类、摆放货品、调整售价。再如,Progressive 保险公司通过精细化分析客户风险、财富变化、家庭资产价值等数据并不断更新其背景资料,向客户提供量身定制的保单。未来,保险公司还将使用个人位置和汽车运行信息对车险产品定价,向客户提供交通和天气状况、停车事故高发区域和速度限制变化等实时信息,开发有利于安全驾驶的产品。

(四) 金融行业尚不能完全驾驭大数据

1. 大数据对个人信息的大量获取导致了隐私和安全问题

随着个人活动行径、购买偏好、健康和财务情况的海量数据被收集,再加上金融交易习惯、持有资产分布以及信用状况以更细致的方式被储存和分析,机构投资者和金融消费者能获得更低的价格、更符合需要的金融服务,从而提高市场配置金融资源的能力。但同时,金融市场乃至整个社会管理的信息基础设施将变得越来越一体化和外向型,对隐私、数据安全和知识产权构成更大风险。就个人隐私而言,大数据的隐私问题远远超出了常规的身份确认风险的范畴。最近对欧洲 150 万手机用户的数据进行的研究表明,只需要 4 项参照因素就可以确认其中 95%的个人身份。又如,人们在城市中走过的路径存在唯一性;针对个人研制药物和疗法等个性化医疗是基于对患者基因信息的掌握;RunKeeper 和 Nike+等应用正在收集大量个人健康数据;等等。

2. 大数据技术不能代替人类价值判断和逻辑思考

大数据是人类设计的产物,大数据的工具(如 Hadoop 软件)并不能使人们摆脱曲解、隔阂和成见,数据之间相关性也不等同于因果关系,大数据还存在选择性覆盖问题。

例如,社交媒体是大数据分析的重要信息源,但其中年轻人和城市人的比例偏多,还存在大量由程序控制的“机器人”账号或“半机器人”账号。波士顿的 Street Bump 应用程序为统计城市路面坑洼情况,从驾驶员的智能手机上收集数据,可能统计年老和贫困市民较多区域的情况;“谷歌流感趋势”曾高估了 2012 年流感发病率。这说明依赖有缺陷的大数据可能给政府决策造成负面影响,还可能加剧社会不公。

2010 年，股票市场情绪从恐惧转向复苏，但 MarketPsy Capital 基金的分析模型还是以恐惧为基础，没有纳入对趋势变化的考虑，当年该基金亏损 8%。美国印第安纳大学信息科学及计算技术副教授约翰·博伦提出，即使数据的准确度达到 80%，20%差错率就足以造成破产。

博伦和休伯曼教授都认为，用社交媒体衡量公共情绪，只在整体上有意义。

3. 基于大数据开发的金融产品和交易工具对金融监管提出挑战

大数据的使用正在改变金融市场，也需要改变监管市场的方式，以保证市场参与者负责地使用大数据。例如，2010 年 5 月的"闪电暴跌"(flash crash)令道琼斯工业平均指数(Dow Jones Industrial Average)突然大跌，美国监管部门认为是高频交易造成了快速抛售引发的更多抛售。2013 年 4 月 23 日的"无厘头暴跌"(Hash crash)的缘由是美联社的 Twitter 账号发出巴拉克·奥巴马(Barack Obama)遭遇恐怖袭击的虚假消息：大数据中的一个数据点出错就能导致"无厘头暴跌"。

监管机构限制大数据技术的使用，或是对其使用进行直接干预，其潜在风险是巨大的，应鼓励业界对更复杂的技术乃至更大数据的利用。

纽约大学理工学院(NYU-Poly)大数据金融会议上，美国商品期货交易委员会(CFTC)的斯科特·奥马利亚(Scott O'Malia)表示，CFTC 曾考虑是否应让监管机构对交易商的算法进行认证，"鲁莽行为"正取代"市场操纵"，成为起诉不当行为的标准；劳伦斯伯克利国家实验室拥有超级计算能力和雄厚的分析技术，足以实时监控威胁稳定的交易行为。传统的停市机制在市场暴跌后停止全部交易，实时监控能够将单个参与者扫地出门，从而向诚信的参与者继续敞开市场①。

三、大数据金融相关的法规政策

在大数据金融时代，"大数据监管"模式也将应运而生，即围绕数据的生成、传输和使用等环节，采取实时、互动方式，实现对金融市场的监管。

---

① 大数据在互联网金融发展中的作用[EB/OL]. http://promote.caixin.com/2013-09-04/100577979.html，2013-9-4.

在调研中发现，中国无论是顶层设计，还是“一行三会”的实际监管工作，“大数据监管”都已经在筹备和应用中。一位不愿具名的专家说，各部委动起来，更多是意识到大数据能够为己所用，但相互间仍处于割裂状态。

1. “一行三会”动起来

“征信系统为金融机构提供了一个共享借款人信用记录的平台。”央行征信中心副主任王晓蕾说。根据央行提供的数据显示，截至2014年8月底，企业征信系统累计收录企业和其他组织1 951万户，个人征信系统累计收录自然人数8.5亿，其中，收录有信贷记录的自然人约3.4亿，中国已建成世界上最大的个人征信数据库。

近几年新金融业态，譬如小贷公司、融资性担保公司的发展都对央行征信系统提出新要求。这些新业态的数据是否纳入征信系统也一直为各界所讨论。

“从法律层面来讲没有任何障碍。”王晓蕾表示，《征信业管理条例》第二十九条规定，从事信贷业务的机构应当按照规定向金融信用信息基础数据库提供信贷信息。据了解，由央行征信中心控股的上海资信有限公司，已经发起设立了网络金融征信系统，开始收集P2P借贷机构上报的信息。

大数据给监管机构带来的压力日增。“银监会既要管好每家银行，又要关注整个银行体系，还要参与宏观调控，这就可想而知所需要的数据统计量了。”银监会统计部副主任苗雨峰表示。

证监会则充分利用了大数据这一神器，如稽查“老鼠仓”。证监会一位司局级官员透露，“捕鼠”的线索就是来自交易所日常监控下的大数据。他透露，每天下午4点钟，监管部门就能拿到全国基金公司报送的交易和净值数据，“基金获益率是否异常，通过大数据检测一眼就能看出。”

2014年，中国保险信息技术管理有限责任公司成立，负责统一建设、运营和管理保险信息共享平台，主要通过信息技术手段，采集保险经营管理数据，建立标准化、系统性的数据体系。

2. 协调不易

一个关于中国金融业的大数据库早在2012年就已酝酿，目前正加紧推进。2014年9月24日，“一行三会”主管统计或调统的负责人齐聚央行，关于中国金融综合统计平台建设的讨论会正在召开，央行副行长潘功胜参加。

会议讨论筹建中国规模最大、涵盖最广的金融信息数据库。它将在集合“一行三会”现有数据，涵盖银行、证券、保险、基金等金融行业，甚至将银行业表外业务数据进行统一的基础上，建立起中国金融业信息统计平台。

“金融业综合信息统计是决策层特别提出的，从2012年就开始酝酿。”央行一位司局级领导表示，之所以建立金融业综合信息统计平台，主要出于两点：一是中国金融数据历来以银行业为主，当下混业趋势日渐明显，如何建立全维度、全覆盖的大数据系统，是“一行三会”的共同难题；另一方面，互联网金融等新兴业态层出不穷，对监管统计工作提出重大挑战。但是，中国金融综合统计平台建设的细节问题仍需解决。在2014年9月24日会上，一行三会人士进行了激烈的讨论，主要集中在以下几点：首先，金融综合统计平台的建设亟须在统计方式、指标、对象、主体上实现标准化，包括金融机构代码、企业代码和个人代码都需要制定标准；其次，这一新型数据系统要实现综合化覆盖，囊括新型金融业态，这就涉及新型金融机构、准金融机构如何统计、是否强制性纳入等问题；再次，是该系统最终要实现共享，需要解决社会服务共享中是否收费、如何收费等问题。知情人士还表示，建设金融综合统计平台必须打破现有分业监管“画地为牢”的思想，“有些部委的数据库，不准别人插手，目前协调的难度仍相当大”。

3. 民间数据对接难题

通过10余年积累，电商巨头已经积累了海量的信用数据，如今这些数据的商业价值正逐步显现。政府机构是否可以利用这些数据?

中央财经大学中国银行业研究中心主任郭田勇表示，目前我国最大的数据库征信系统的信息覆盖面主要集中在信贷系统，而对于个人其他经济活动和社会活动尚缺乏信用报告。

央行副行长潘功胜也曾公开表示，鼓励包括民间资本在内的各类资本进入征信业，也欢迎阿里、腾讯等互联网企业进入征信体系建设。

但是，一位接近央行征信中心的监管人士却表示，目前电商数据库很难被直接纳入官方数据库。《征信管理条例》规定，采集个人信息应当经信息主体本人同意，未经本人同意不得采集。

此外，“电商平台上的差评是否算不良信息？目前很难说。”这位监管人士强调，在不知道电商数据质量如何的情况下，不会盲目将其纳入央行征信系统。

杭州同盾科技有限公司首席执行官蒋韬说，在美国，金融、互联网各个行业都有自己的数据体系。“民间、官方的数据很难放到一个数据库里去，只能是开放的心态，双方在数据层面上达到共建共享。”

国家统计局局长马建堂也表示，所有拥有海量数据的机构，无论是企业还是政府机构，原则上除涉及国家安全、商业秘密和个人隐私等数据外，都应以更加开放的姿态、更加积极的行动促进大数据的深度应用，通过立法保障各方在大数据应用中的共享共赢。

四、大数据金融典型案例

案例一：淘宝网掘金大数据金融市场

随着国内网购市场的迅速发展，淘宝网等众多网购网站的市场争夺战也进入白热化状态，网络购物网站也开始推出越来越多的特色产品和服务。

1. 余额宝

以余额宝为代表的互联网金融产品在2013年刮起一股旋风，截至目前，规模超1 000亿元，用户近3 000万，如图7－1所示。相比普通的货币基金，余额宝鲜明的特色当属大数据。以基金的申购、赎回预测为例，基于淘宝和支付宝的数据平台，可以及时把握申购、赎回变动信息。另外，利用历史数据的积累可把握客户的行为规律。

图7－1　余额宝界面

2. 淘宝信用贷款

淘宝网在聚划算平台推出了一个奇怪的团购商品——淘宝信用贷款。开团不到 10 分钟，500 位淘宝卖家就让这一团购“爆团”。他们有望分享总额约3 000万元的淘宝信用贷款，并能享受贷款利息 7.5 折的优惠。据悉，目前已经有近两万名淘宝卖家申请过淘宝信用贷款，贷款总额超过 14 亿元。

淘宝信用贷款是阿里金融旗下专门针对淘宝卖家进行金融支持的贷款产品。淘宝平台通过以卖家在淘宝网上的网络行为数据做一个综合的授信评分，卖家纯凭信用拿贷款，无需抵押物，无需担保人。由于其非常吻合中小卖家的资金需求，且重视信用无担保、抵押的门槛，更加上其申请流程非常便捷，仅需要线上申请，几分钟内就能获贷，被不少卖家戏称为“史上最轻松的贷款”，也成为淘宝网上众多卖家进行资金周转的重要手段。

3. 阿里小贷

淘宝网的“阿里小贷”更是得益于大数据，它依托阿里巴巴(B2B)、淘宝、支付宝等平台数据，不仅可有效识别和分散风险，提供更有针对性、多样化的服务，而且批量化、流水化的作业使得交易成本大幅下降。

每天，海量的交易和数据在阿里的平台上跑着，阿里通过对商户最近 100 天的数据分析，就能知道哪些商户可能存在资金问题，此时的阿里贷款平台就有可能出马，与潜在的贷款对象进行沟通。

案例解析：

通常来说，数据比文字更精确，更能反映一个公司的正常运营情况。通过海量的分析得出企业的经营情况，这就是大数据的应用。正像淘宝信用贷款所体现的那样，这种新型微贷技术不依赖抵押、担保，而是看重企业的信用，同时通过数据的运算来审核企业的信用，这不仅降低了申请贷款的门槛，也极大简化了申请贷款的流程，使其有了完全在互联网上作业的可能性。

大数据的价值已经得到互联网公司以及金融机构的认可，有专家认为：“谁掌握的‘拼图’图块多，谁就能快速拼出客户的图谱，成为真正的王者。”然而，目前来看，谁都不愿意轻易地交出自己手上的“拼图”，于是，互联网公司、银行、支付机构等各个海量数据的拥有者展开了激烈的金融数据争夺战。

案例二：IBM 用大数据预测股价走势

不久前，IBM 使用大数据信息技术成功开发了“经济指标预测系统”。借助该预测系统，可通过统计分析新闻中出现的单词等信息来预测股价等走势。

IBM 的“经济指标预测系统”首先从互联网上的新闻中搜索与“新订单”等与经济指标有关的单词，然后结合其他相关经济数据的历史数据分析与股价的关系，从而得出预测结果。

在“经济指标预测系统”的开发过程中，IBM 还进行了一系列的验证工作。IBM 以美国“ISM 制造业采购经理人指数”为对象进行了验证试验，该指数以制造业中的大约 20 个行业、300 多家公司的采购负责人为对象，调查新订单和雇员等情况之后计算得出。实验前，首先假设“受访者受到了新闻报道的影响”，然后分别计算出约 30 万条财经类新闻中出现的“新订单”、“生产”以及“雇员”等 5 个关键词的数量。追踪这些关键词在这段时期内的搜索数据变化情况，并将数据和道指的走势进行对比，从而预测该指数的未来动态。

IBM 研究称，一般而言，当“股票”、“营收”等金融词汇的搜索量下降时，道指随后将上涨，而当这些金融词汇的搜索量上升时，道指在随后的几周内将下跌。

据悉，IBM 的试验仅用了 6 小时，就计算出了分析师需要花费数日才能得出的预测值，而且预测精度几乎一样。

案例解析：

从这可以看出大数据不再仅仅局限在媒体与厂商之间的讨论，它犹如一场数据旋风开始席卷全球，从各行各业的 IT 主管到政府部门都开始重视大数据及其价值。

目前，不少信息系统企业都在使用大数据信息技术开发预测系统。例如，2011 年，英国对冲基金 Derwent Capital Markets 建立了规模为 4 000 万美元的对冲基金，该基金是首家基于社交网络的对冲基金，该基金通过从 Twitter 的数据内容来感知市场情绪，从而进行投资。无独有偶，美国加州大学河滨分校也公布了一项通过对 Twitter 消息进行分析从而预测股票涨跌的研究报告。

笔者认为：“企业数据就是新时代还未开采的石油，具有非常高的价值。”国外一些金融机构已经开始做一些前瞻性的研究了，这种做法是非常值得国内金融机构学习和借鉴的。例如，国内大部分证券公司仍然没有摆脱交易性数据为主的特点，但很多有前瞻意识的证券公司已经开始做一些转型了，对微博、互联网等外部数据进行一些分析与预测。

案例三:汇丰银行采用 SAS 管理风险

近日,汇丰银行选择 SAS 防欺诈管理解决方案构建其全球业务网络的防欺诈管理系统。据悉,这一解决方案是一种实时欺诈防范侦测系统。

SAS 被誉为"全球 500 强背后的管理大师",是全球领先的商业分析软件与服务供应商。SAS 通过三部分服务(包括软件及解决方案服务、咨询服务、培训及技术支持服务)帮助客户洞察商机,成就变革,改善业绩。

凭借丰富的行业专业知识,SAS 的行业解决方案在各领域为行业解析蕴藏于信息之中的独特的商业问题。如金融服务领域的信用风险管理问题、生命科学领域加快药物上市速度和识别零售领域的交叉销售机会等问题。SAS 还提供跨职能解决方案,不分行业地帮助企业克服其面临的挑战。如增加客户关系价值、测量和管理风险、检测欺诈和优化 IT 网络等。

汇丰银行与 SAS 在防范信用卡和借记卡欺诈的基础上,共同扩展了 SAS 防欺诈管理解决方案的功能,为多种业务线和渠道提供完善的欺诈防范系统。这些增强功能有助于全面监控客户、账户和渠道业务活动,进一步提高分行交易、银行转账和在线付款欺诈以及内部欺诈的防范能力。通过监控客户行为,汇丰银行可以优化并更加有效地利用侦测资源。

汇丰银行利用 SAS 系统,通过收集和分析大数据解决复杂问题,并获得非常精确的洞察,以加快信息获取速度和超越竞争对手。因此,汇丰银行还将继续采用 SAS 告警管理、例程和队列优先级软件,提高运营效率,以便迅速启动紧急告警。

案例解析:

在当今这个海量数据的时代,如何找到大数据中蕴含的前所未有的商业价值? 笔者认为高性能分析就是那把"钥匙"。SAS 高性能分析可以帮助用户将相关的大数据转变为真正的商业价值,采用世界顶级的分析技术来生成精确的洞察,快速获得答案来改变企业的运营模式,以及部署一个适合未来扩展的分析架构。

总之,高性能分析环境让用户可以充分利用 IT 投资,同时克服原有架构的约束,从大数据资产中产生高价值的洞察。

案例四：Kabbage 用大数据开辟新路径

Kabbage 是一家为网店店主提供营运资金贷款服务的创业公司，总部位于美国亚特兰大，截至目前已经成功融资 6 000 多万美元。Kabbage 的主要目标客户是 eBay、亚马逊、雅虎、Etsy、Shopify、Magento、PayPal 上的美国商。

Kabbage 与“阿里小贷”的经营模式类似，通过查看网店店主的销售和信用记录、顾客流量、评论以及商品价格和存货等信息，来最终确定是否为他们提供贷款以及贷多少金额，贷款金额上限为 4 万美元。店主可以主动在自己的 Kabbage 账户中添加新的信息，以增加获得贷款的概率。Kabbage 通过支付工具 PayPal 的支付 API 来为网店店主提供资金贷款，这种贷款资金到账的速度相当快，最快十分钟就可以搞定。

Kabbage 用于贷款判断的支撑数据的来源除了网上搜索和查看外，还来自于网上商家的自主提供，且提供的数据多少直接影响着最终的贷款情况。同时，Kabbage 也通过与物流公司 UPS、财务管理软件公司 Intuit 合作，扩充数据来源渠道。

目前，使用 Kabbage 贷款服务的网店店主已达近万家，Kabbage 的服务范围目前仅限于美国境内，不过公司打算利用这轮融资将服务拓展至其他国家。

案例解析：

基于大数据的商业模式创新过程有两个核心环节：一是数据获取；二是数据的分析利用。在本案例中，Kabbage 与阿里金融的区别在于数据获取方面，前者是从多元化的渠道收集数据，后者则是借助旗下平台的数据积累，其中网上商家可自主提供数据且其数据的多少直接决定着最终的贷款额度与成本，这充分体现出大数据的资产价值，就如同传统的抵押物一样可以换取资金。

笔者认为，虽说大数据是一座极具价值的“金矿”，但如果不能科学地加以利用，那么大数据就变成了一堆堆毫无用处的“石头”，Kabbage 就是借助大数据技术，并结合金融行业的特点，有效地控制了风险，实现了完美融合和创新。

金融是服务于实体经济的，随着大数据时代的到来，传统的实体经济形态正在向融合经济形态转变，同时虚拟经济也快速兴起，金融的服务对象必将随之发生变化，这种转变为金融业带来了巨大的机遇和挑战，如图 7－2 所示。

虚拟经济（Fictitious Economy）是经济虚拟化（西方称之为“金融深化”）的必然产物，是指基于计算机和互联网产生的一种经济形态，其产品和服务都具有

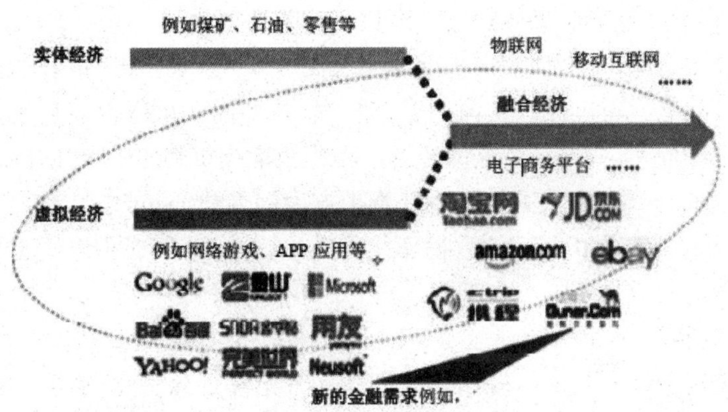

图 7－2　融合经济产生新的金融需求

虚拟化的特点，具体包括软件、网络游戏、社交网络、搜索引擎、门户网站等细分市场领域。实体经济是指物质的、精神的产品和服务的生产、流通等经济活动。随着新兴信息技术的快速发展，实体经济与虚拟经济正在加速融合，从而衍生了未来的主体经济形态，即融合经济，电子商务、O2O 模式都是融合经济发展进程的一个产物。

案例五：大数据时代信用卡该怎么玩

中信银行信用卡中心是国内银行业为数不多的几家分行级信用卡专营机构之一，也是国内最具竞争力的股份制商业银行信用卡中心之一。近年来，中信银行信用卡中心的发卡量迅速增长。

2013 年 11 月，在中信银行与腾讯联合发布“中信银行 QQ 彩贝联名信用卡”仪式上，中信银行信用卡中心总裁陈劲表示，该行信用卡发卡量已突破 2 000 万张，未来将充分利用互联网基因和大数据技术挖掘客户需求。

过去，中信银行信用卡中心无论在数据存储、系统维护等方面，还是在有效地利用客户数据方面，都面临巨大的压力。同时，为了应对激烈的市场竞争，中信银行信用卡中心迫切需要一个可扩展、高性能的数据仓库解决方案，支持其数据分析战略，提升业务的敏捷性。

2010 年 4 月，中信银行信用卡中心实施了 EMC Greenplum 数据仓库解决方案。Greenplum 数据仓库解决方案为中信银行信用卡中心提供了统一的客户视图，借助客户统一视图，中信银行信用卡中心可以更清楚地了解其客户价值体系，从而能够为客户提供更有针对性和相关性的营销活动。

基于数据仓库，中信银行信用卡中心现在可以从交易、服务、风险、权益等多个层面分析数据。通过提供全面的客户数据，营销团队可以对客户按照低、中、高价值来进行分类，根据银行整体经营策略积极地提供相应的个性化服务。

基于 Greenplum 解决方案在系统维护方面的便捷简单，中信银行信用卡中心每年减少了大约 500 万元的数据库维护成本，这有助于减少解决方案的总拥有成本。

案例解析：

在本案例中，Greenplum 解决方案采用了“无共享”的开放平台 MPP 架构，此架构是为 BI 和海量数据分析处理而设计，相比普通的数据库系统，该系统提供了更高的可扩展性。与其他产品相比，Greenplum 解决方案可以给中信银行信用卡中心提供最高级别的性能。同时，该解决方案与银行所使用的硬件、应用程序和数据源实现了有效集成。此外，Greenplum 解决方案通过把数据集中在一个统一的平台，极大地减少了系统维护的工作量。

笔者认为，大数据对信用卡产品的营销具有很大的促进作用。例如，在大数据的环境下，银行可以利用先进的互联网、云计算等新兴技术，对消费者的刷卡行为进行数据化的分类、统计，通过整理数据获取消费者的消费习惯、消费能力、消费偏好等非常重要的数据信息。通过客户数据、财务数据来区隔客户，通过消费区域定位、内容定向，知晓他们的消费习惯，然后进行深入地数据分析挖掘和展开精准营销①。

案例六：宜信解读大数据金融云：用科技公司的方式做普惠金融

在海南举办的三亚·财经国际论坛的大数据分会场，宜信 CEO 唐宁和大数据创新中心总经理张小沛（Joyce Zhang）详细解读了宜信的大数据金融云。如果说 2013 年是互联网金融元年，2014 则是互联网金融的爆发之年。P2P、众筹、互联网理财等各类金融模式层出不穷。根据网贷之家的统计，2014 年 10 月份 P2P 金融平台达到 1 400 多家，网贷的成交量达到 268 亿元。

其实，在互联网金融、P2P 这些概念火起来之前，其模式也属于这一领域的

① 李军. 大数据：从海量到精准[M]. 北京：清华大学出版社，2014.

宜信公司，已经默默耕耘了 8 年时间。目前，宜信在全国 133 个城市(含香港)48 个农村地区设立网点，员工总数超过 4 万人，业务涵盖小额信贷、财富管理、信用评级、担保、融资租赁、私募基金、理财代销等诸多方面。就 P2P 类业务而言，宜信的业务规模也是庞大的，年撮合小额贷款总量达到 500 亿元的规模。据唐宁介绍，“宜信是国内第一家用 P2P 模式做小额信贷的机构，现在宜信 P2P 业务的规模是美国最大的 P2P 公司 Lending Club 的 2 倍多。”而就在不久之前，Lending Club 在美国成功上市，开盘即大涨，市值达 90 亿美元。

支撑如此庞大的业务量的，是宜信的线下模式。大量分支机构机及其销售人员和理财经理，塑造了如此大规模的业务量。到了今天这个时点，宜信则更加强调线上和线下的结合。完成这一融合的发动机，则是一个在宜信被称作“大数据创新中心”的部门。宜信希望借助大数据的力量，优化提升线下运营模式，同时创造更大的业务量。

融合原因：大数据助力普惠金融

在大数据技术正在浩浩荡荡进入各行各业时，金融业也不例外。而从行业属性而言，金融业与数据技术的结合，也是理所当然的。“金融就是一套数据系统，一套信息系统，金融是所有行业里头最虚拟性的，最可以数据化和信息化的”，央行调查统计司副司长徐诺金在演讲中认为，因此，这种结合给金融所带来的影响可能是最彻底的。而这种影响的最大意义，则是讲为金融解决“信息不对称”问题提出更多的方案。“金融风险里最主要的一条是信息不对称，由于不对称造成了信息的失灵”，央行前副行长蔡鄂生表示，大数据的方法将提升金融各个环节的透明度。具体到细分层面，大数据将在征信、风控、营销等诸多方面，帮助金融业发展。而这一助力，由于其计算机的自动化和快速，将大大降低时间成本和人工成本，为发展小额信贷和普惠金融带来积极的影响。

科技 Style：大数据金融云和开放 API

就宜信而言，上述大数据技术已经应用到了实际的产品和业务中。更近一步，宜信组建了“大数据创新中心”，将技术应用更加系统化。这一中心的总经理张小沛是大数据方面的专家，是典型的科技人。张小沛在加入宜信之前，历任 Hulu 全球副总裁、微软在线广告首席研发总监，负责过 Hulu 视频推荐系统，微软在线广告平台研发。

如今，正是这一典型的科技人带领宜信这家金融机构完成“科技 Style”的变形。宜信将大数据和金融的融合总结为“宜信金融云生态系统”。据张小沛介绍，在过去一年多，宜信的大数据金融云并不是停留在纸面理论阶段，而是已经有了实质的推进和产品助力。

在这一金融云系统的最底层，是建立起同谷歌、亚马逊等科技公司一样基础云计算平台，包括分布式计算、海量存储和爬虫抓取的能力。在此之上，则是建立起像数据可视化、机器学习、决策引擎等支撑性的技术。

建立了物理的基础架构平台和支持技术之后，这一大数据金融云将宜信八年来积累的数据、合作伙伴授权的数据，以及网络上公开抓取的数据进行分类整合，通过算法和专家系统的经验，将数据和能力结合成为知识图谱的模块。目前，已经形成了包括用户资料分析、反欺诈、精准营销、产品推荐等模块。

而之所以叫“云”，是因为这些形成的能力和模块可以以 API 的形式开放给宜信内部产品和外部的合作伙伴。目前，这些模块的能力已经应用到了宜信的产品当中。同时，这一系统也是动态更新的。随着数据类别和算法的更新，这一系统所能完成的业务也将逐步增多，从而帮助线下业务流程的优化和改造。

以征信和风险控制为例，以往的纯线下流程中，信贷审核员需要打电话核实贷款申请人的各项事项。而借助这一金融云平台，宜信推出了名为“姨搜”的信用搜索平台。信贷审核员可以实时得到这一申请人的信用分析结果，作为批贷的重要参考。这一决策支持系统，将在很大程度上提升贷款审核的流程。类似这样的流程改造，集中反映在宜信的产品中。也就是说，正是因为这一大数据金融云的支撑，10 分钟信用授权的宜人贷极速模式以及针对 eBay 卖家的商通贷成为可能。

加速产品创造：两个案例和生态系统

宜人贷是一个专门针对白领推出的借款业务，宜人贷平台运行两年多，已经积累了 170 多万注册用户，从 2014 年 9 月份开始平台的单月放款规模达到 3 亿元，到目前为止累计放款规模已经近 20 亿元。这一极速模式，可以做到在手机端和 PC 端提交资料之后，10 分钟内反馈审核结果，最低月费率 0.78%，最高额度为 10 万元，最快在一天内资金到账。如此快速审核的背后，则是大数据金融云的功劳。

据宜人贷移动产品负责人胡杨坤介绍，整个借款的流程是用户输入信用卡账单的邮箱信息，宜人贷会在后台自动提取邮箱中的信用卡账单信息进行分析。在对借款人的信用卡额度、消费还款情况进行机器自动化的评估之后，可以在 10 分钟内完成资料审核。而作为比对的话，传统的银行消费贷款，授信的时间则是以天计算。在贷款搜索平台上随便找一款消费贷款产品，以某款“工薪贷”

为例，可以看到单审批的时间就有 2 天，再加上所需材料里的住址证明、个人征信报告的准备时间，时间就更长了。

传统银行消费信贷产品审批时间长的核心原因，在于审核都是通过人工的方式进行的。胡杨坤进一步解释到，正是没有采用人工审核，而是借助计算机和大数据分析能力，才得以在如此快速完成授信。同时，这一自动化的过程也将大大降低审核的成本，使得低至 0.78%月费率成为可能。在移动端完成授信放贷之后，用户还可以很方便地每月在手机上还款。这一移动支付的方式，正在被越来越多的年轻白领接受和采用。

除了个人信贷产品之外，大数据金融的应用同样应用在了小企业贷款业务上。宜信推出了专门针对跨境电商的中小企业贷款产品“商通贷”。eBay 上的跨境电商卖家主要把中国的产品卖向海外，他们在 eBay 上的经营流水数据很难成为中国内地银行批准贷款额度的依据。而从信用审核的角度来看，经营良好的境外电商其信用情况其实不错。宜信的商通贷解决了这一不对称的问题。这些卖家只需要把其 eBay 上的交易信息授权给宜信，借助金融云的计算和分析，用户可以在几分钟之内得到信用审核的结果，从而申请贷款。据张小沛介绍，用云计算和大数据分析的能力，这一计算过程可以在几毫秒内完成。几分钟内拿到结果，是有数据抓取和传输的延时在里面。据唐宁介绍，目前这一业务还没有出现违约的案例。而且，更为重要的是，这些贷款几乎 100%是循环贷，就是一次贷款之后，短期内再来贷款，所以这跟实体经济的接轨是非常明显的。

无论是宜人贷的个人贷款，还是商通贷的企业贷款，大数据和金融业务的融合会越来越密切。尤其是后面一个案例中，几乎是大数据催生新贷款产品的最典型案例。而在宜信的高管们看来，大数据金融能做的还不仅仅是内部产品创造这么简单。在未来，宜信逐步搭建开放给第三方合作伙伴的平台。这些第三方合作伙伴可以是餐饮的企业、制造的企业，只要是有任何金融需求的企业都可以。比如，一个消费品的企业，可以介入宜信的个人信贷能力，帮助他们的客户实现分期消费、信用消费。也就是说，宜信将金融的能力赋予更多企业，构建出一个开放的生态系统。这才是大数据金融的更大愿景[①]。

---

① 宜信解读大数据金融云：用科技公司的方法做普惠金融[EB/OL]. 凤凰科技，http://ucwap.ifeng.com/tech/media/chuanmciribao/xinmeiti/news? aid=93573543&mid=6eTpTd&rt=1&p=3，2014-12-18.

案例七：平安一账通

2014 年，大数据金融将实现全面的落地开花。玩转大数据金融，一方面需要机构对大量非结构化数据的专业分析、梳理能力，另一方面，则是数据来源本身的获取。什么样的数据更具备价值？高流动性、时序间隔更小的数据，也就是更高活跃度的数据。平安集团正在进行这方面的尝试。毫无疑问，平安拥有大量的金融类数据，截至 2013 年，平安保险、银行、投资三大板块积累了 8 000 多万实名客户，涉及客户资产信息、汽车信息、健康信息等，这些数据是其他互联网公司难以抵达的。如何以互联网的方式催化和激活自己的这些数据，平安一账通向外界展示了其中正发生的变化。

大数据与营销的改变

2013 年 6 月份，10 万经过挑选的平安微信服务账户的用户收到了平安主动推送的贷款产品的信息。约有 1 万人打开并阅读了这条信息。在此之后，平安银行接待了 2 000 人左右的电话询问，他们都是通过这一条微信信息反向联系银行。

在过去，摆摊、下写字楼、“冷电话”等曾是金融领域开拓新客户的方式之一。这种被称为“冷电话”的营销曾被营销者奉为宝典，但在互联网时代，这种用户体验不佳的方式正成为历史。通过数据分析了解用户的潜在需求，通过更便捷和安静的渠道抵达用户，让用户自主选择产品，这正在成为互联网时代的营销方式。

这建立在平安一账通及其富有成效的数据分析之上。平安一账通，一个用一套账户和密码，管理多个金融、消费账户的系统。由于平安集团横跨银行、证券、保险三大领域，用户可能使用平安的信用卡、房贷、寿险、车险、基金、信托、证券等服务，在此之上，一账通可以集纳这些账户信息，为用户提供全面的资产负债表，如果加挂更多消费账户，还同样可以反映客户的现金流量，同时为用户投资选择提供帮助。

平安一账通打通了平安旗下保险、银行、投资等板块的用户信息，并通过积分消费服务“万里通”的配合，提高了用户活跃度，在这一基础上，用户的习惯和需求得以通过数据更精准地描述。除了信用卡与个人贷款之间的数据分析外，信托等针对高净值客户的投资同样可以通过类似的方式寻找到最合适的客户。平安曾通过类似的方式向 1 万名客户展示信托产品信息，随后收到了超过 100

名用户的咨询。未来通过平安一账通与万里通的优化，金融数据的使用将有更多可能。比如用户在购买婴儿用品时，同时可能有购买儿童保险的需求，在购买车饰时，可能有购买车险的需求。

用户导向提升活跃度

金融行业中统一的账户入口并不少见，平安一账通与以往金融机构的探索有什么不同？银行以往推出的产品可以看做是一种解决方案，理论上，用户到银行可以办理大多数业务，比如缴费、转账汇款、办理理财等。但这与支付宝等互联网企业的思路不同，传统银行的一些电子服务是隐藏在后台中的。比如北京的用户如果探寻一下如何通过网银给智能电卡缴费，就是一个复杂的过程。银行提供了解决方案，它的确可以解决问题。但在用户体验上并不好。

平安一账通未来将采取将生活服务类账户前置的办法，即将水电煤气通信缴费等用户账户从隐藏在某一个系统中，前置到客户可以看见的地方。同时，平安集团旗下积分服务“万里通”与一账通搭配，将更多生活消费服务置入其中，用户在网上购物、订机票、酒店、网下商户消费等过程中，都能与平安一账通产生关系。用户体验的优化同时也带来用户使用率的提升，对于金融企业来说，数据只有在时间序列上才有意义，活跃度提升将有利于数据的进一步开掘。据平安金融科技副总裁、一账通总经理皮山杉透露：在过去的一年中，平安一账通的平均活跃用户从200万提升到了350万，而单个用户使用的频率，从月均2～3次提升到6次左右。

互联网思维与金融思维的融合

金融机构如何顺利拥抱互联网？这其中金融团队和互联网团队的相互认同必不可少。金融机构在安全、资金保障、监管要求等方面有成熟的经验，但在快速推进和用户体验上略逊；用户体验是互联网团队的强项，但也有很多例子显示，他们对金融产品的理解未必透彻。

在金融与互联网的深度融合中，双方的相互学习和认同可能都是必不可少的。简单来说，即如何在风险约束和监管局限下实现用户体验的最优。以平安一账通为例，用户使用身份证登录平安一账通之后，目前只有信用卡和保险等会自动添加到用户的平安一账通账户上，而信托、证券、借记卡等则需要用户手动添加。从互联网从业者的角度看，一次登录后，已有的账户全部自动加挂对用户来说更便捷。但从金融的角度看，这涉及到不同的监管，平安的做法是先与监管层沟通，待沟通完成后实现自动加挂。

此外，金融从业者更关注投资者适当性管理，就是一项业务、产品是否销售或者推介给了合适的人，平安一账通在这方面既注重用户体验，也兼顾了适当性要求。

在账户注册方面，一账通注册尽量简便。现在用户可以看到，仅需要用身份证号码即可很快完成注册和验证；其次在验证为客户本人之后，对于现有金融账户实现自动匹配。而在此之后，用户的其他账户需要手动选择开通。比如投资者注册了一账通，并不是直接成为陆金所会员，但投资者可以很快捷地开通陆金所账户。按照皮山杉的说法，这是从简便化、自动化到自主化的过程。①

五、大数据金融的未来发展

大数据金融作为一个综合性的概念，在未来的发展中，企业坐拥数据将不再局限于单一业务，第三方支付、信息化金融机构以及互联网金融门户都将融入到大数据金融服务平台中，大数据金融服务将在各家机构各显神通的基础上，实现多元业务的融合。

1. 电商金融化，实现信息流和金融流的融合

电商金融化是电商企业在电子商务平台的长期发展中，数据积累和信用记录运用的必然趋势，是商业信用对接银行信用的表现。电商以网购起家，通过数据、流量获得销售，再通过销售积累数据、流量，聚集黏性，数据的结构化和层次化明显，对信息流的反应敏锐。

电商金融化的发展目前可以分为两个阶段，第一阶段为电商完成第三方支付，是对传统的银行才具有的支付和信用功能的创新和替代；第二阶段为电商羽翼渐丰，开始寻求同银行的信贷合作，代表例子为京东商城的供应链金融模式，诚然，早在 2007 年，阿里巴巴展开同与工行、建行的合作，进行小额信贷的新尝试，但是由于信用审核、风控理念之间的差异等一些原因，两方最终分道扬镳。如今电商金融化可以说并未发展完善进入下一阶段，但是发展方向出现分歧。一方是以阿里巴巴为代表的金融平台，在获取银行牌照之前，以资产证券化、信托计划等方式筹集资金；另一方是以苏宁云商为代表的金融平台，直指民营银行牌照，希望在成立银行后，将信息流和资金流收归已用。从本质上来说，二者殊途同归，都是在掌握商品流、信息流的情况下，高效、低成本的获得资金流，从而

① 玩转大数据金融：平安一账通是怎样一个思路？［EB/OL］. 虎嗅网，2014 - 1 - 16.

建立自身完整生态圈，对生态圈内商户提供一条龙服务，提高商户黏性，提升竞争对手进入壁垒，期待在激烈的互联网金融竞争时代拥有一席之地。

2. 金融机构积极搭建数据平台，强化用户体验

在电商跨界金融的冲击波之下，以银行为代表的金融机构并没有坐以待毙，银行借道电商，打响反击战。银行步入电商领域的成绩以及基因融合是否良好暂且不论，单从数据拥有量来说，大型商业银行的数据均在大数据级别，尤其在金融数据方面有着电商无法比拟的优势。

自 2012 年开始，多家银行，如建行、交行、工行等都积极部署自己的电商平台，期待在留住老客户及扩展客户数量数据同时，使客户数据立体化，并利用立体数据进行差异化服务，了解客户消费习惯，预测客户行为，进行管理交易、信贷风险和合规方面的风险控制。图 7－3 为银行在电商领域的布局情况：

分类	银行名称	事　　件
推出网上商城	建设银行	2012 年，推出名为“善融商务”的网上商城，提供可大额分期付款的综合网上购物及租买房中介信息
	交通银行	2012 年，推出名为“交博汇”的网上商城，提供可大额分期付款的综合网上购物及传统银行金融服务
	中国银行	2013 年，推出名为“银递商城”的网上商城，提供可大额分期付款的综合网上购物
在已有电商平台推出银行旗舰店	交通银行	2012 年，与阿里巴巴共同推出“交通银行淘宝旗舰店”，定位于一个没有实体店面的大型综合性银行网点。有专业银行客户经理为客户提供一揽子的金融服务
推出基于电商的银行卡	中国银行	2013 年，与京东商城合作推出中银京东商城信用卡，除人民币结算，存款有息。存贷一体等一般银行卡业务外，申请即可成为京东金牌会员

图 7－3　银行在电商平台的布局图

另一方面，数据管理和运用成为银行业面临的比数据收集更严峻和迫切的课题。各商业银行已经在此项上有所动作。中国民生银行计划在 2013 年建设数据标准和大数据基础平台，2014 年建设实时的数据集成平台，2015 年建立完备的企业数据服务，支持智能化的服务；交通银行则采用智能语音云产品对信用卡中心每天收集的海量语音数据进行分析处理，收集关于客户的身份、偏好、服

务质量以及市场动态等方面的信息等。

3. 大数据金融实现大数据产业链分工

毋庸置疑，大数据对我们时代的改变将越来越深刻。无论是IBM、CISCO这样的老牌IT公司，还是在Hadoop生态圈中的专注于大数据的IT新秀都在短短的几年之内按照信息处理环节可以分为数据采集、数据清理、数据存储及管理、数据分析、数据显化以及产业应用等六个环节占位（见图7-4）。

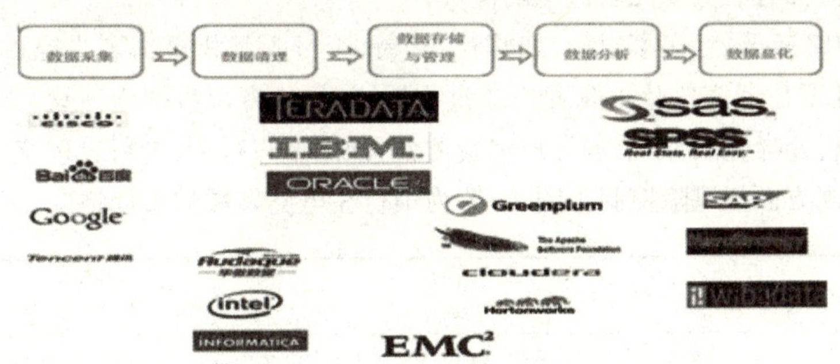

图7-4 六大环节企业布局图

在数据采集中，Google、CISCO这些传统的IT公司早已经开始部署数据收集的工作。在中国，淘宝、腾讯、百度等公司已经收集并存储大量的用户习惯及用户消费行为数据。在未来，会有更为专业的数据收集公司针对各行业的特定需求，专门设计行业数据收集系统。

在数理清理中，当大量庞杂无序的数据收集之后，如何将有用的数据筛选出来，完成数据的清理工作并传递到下一环节，这是随着大数据产业分工的不断细化而需求越来越高的环节。除了Intel等老牌IT企业外，Informatica、Teradata等专业的数据处理公司呈现了更大的活力。在中国，华傲数据等类似厂商也开始不断涌现。

从数据存储和管理中，数据的存储、管理是数据处理的两个细分环节。这两个细分环节之间的关系极为紧密。数据管理的方式决定了数据的存储格式，而数据如何存储又限制了数据分析的深度和广度。由于相关性极高，通常由一个厂商统筹设计这两个细分环节将更为有效。从厂商占位角度来分析，IBM、Oracle等老牌的数据存储提供商有明显的既有优势，他们在原有的存储业务之上进行相应的深度拓展，轻松占据了较大的市场份额。而Apache Software

Foundation 等新生公司，以开源的战略汇集了行业专精的智慧，成为大数据发展的领军企业。

在数据分析中，传统的数据处理公司 SAS 及 SPSS 在数据分析方面有明显的优势。然而，基于开源软件基础构架 Hadoop 的数据分析公司最近几年呈现爆发性增长。例如，成立于 2008 年的 Cloudera 公司，帮助企业管理和分析基于开源 Hadoop 产品的数据。由于能够帮助客户完成定制化的数据分析需求，Cloudera 拥有了大批的知名企业用户，如 Expedia，摩根大通等公司，仅仅五年，其市值估计达到 7 亿美元。

在数据的解读中，将大数据分析的数据层面的结果还原为具体的行业问题。SAP、SAS 等数据分析公司在其已有的业务之上加入行业知识成为此环节竞争的佼佼者。同时，因大数据的发展而应运而生的 wibidata 等专业的数据还原公司也开始蓬勃发展。

在数据的显化这一环节中，大数据真正开始帮助管理实践。通过对数据的分析和具象化，将大数据能够推导出的结论量化计算，同时应用到行业中去。这一环节需要行业专精人员，通过大数据给出的推论，结合行业的具体实践制定出真正能够改变行业现状的计划。

在各个数据环节的梳理中，企业寻求进行数据环节的卡位。大数据服务平台，顾名思义，将以大数据为依托。无法挤入数据的六个环节，将难以形成适合自己企业路径的大数据服务平台。以银行为例，银行之所以积极进入电商的圈子，本质来说是挤入数据采集环节的路径。在大数据服务平台的继续发展中，可以预见到，会有数据处理六个环节的企业不断加入，竞争会愈演愈烈。后入企业必须首先找到企业在数据处理中的着力点。

数据是企业最重要的资产，而且随着数据产业的发展，将会变得更有价值。但封闭的数据环境会阻碍数据价值的实现，对企业应用和研究发现来讲都是如此，因此我们需要合理的机制在保护数据安全的情况下开放数据，使数据得到充分利用。笔者认为，在大数据的未来发展中，建立数据交易平台，在相关法律法规允许的情况下，数据能够在统一的平台上进行搜索比价和交易，这不仅是企业在主营业务外的数据增值行为，也为解决封闭数据、数据割裂提供了有效的解决方法，实现了有关机构之间的协同合作，更符合“数据即资产”的精神①。

① 罗明雄：大数据金融发展趋势[EB/OL]. 搜狐证券，2014-10-31.

第八章

互联网金融门户

一、什么是互联网金融门户

互联网金融门户是指利用互联网进行金融产品的销售以及为金融产品销售提供第三方服务的平台。它的核心就是“搜索＋比价”的模式，采用金融产品垂直比价的方式，将各家金融机构的产品放在平台上，用户通过对比挑选合适的金融产品。互联网金融门户多元化创新发展，形成了提供高端理财投资服务和理财产品的第三方理财机构，提供保险产品咨询、比价、购买服务的保险门户网站等。这种模式不存在太多政策风险，因为其平台既不负责金融产品的实际销售，也不承担任何不良的风险，同时资金也完全不通过中间平台。目前在互联网金融门户领域针对信贷、理财、保险、P2P等细分行业分布有融360、91金融超市、好贷网、银率网、格上理财、大童网、网贷之家等。

互联网金融门户最大的价值就在于它的渠道价值。互联网金融分流了银行业、信托业、保险业的客户，加剧了上述行业的竞争。随着利率市场化的逐步到来，随着互联网金融时代的来临，对于资金的需求方来说，只要能够在一定的时间内，在可接受的成本范围内，具体的钱是来自工行也好、建行也罢，还是P2P平台还是小贷公司，抑或是信托基金、私募债等，已经不是那么重要。融资方到“融360”、“好贷网”或软交所科技金融超市时，用户甚至勿须像在京东买实物手机似的，需要逐一地浏览商品介绍及详细的比较参数、价格，而是更多地将其需求提出，反向进行搜索比较。因此，当融360、好贷网、软交所科技金融超市这些互联网金融渠道发展到一定阶段，拥有一定的品牌及积累了相当大的流量，成为了互联网金融界的“京东”和“携程”的时候，就成为了各大金融机构、小贷、信托、基金的重要渠道，掌握了互联网金融时代的互联网入口，引领着金融产品销售的风向标[①]。

本书将从互联网金融门户分类、特点和历史单个角度来解析互联网金融门户。

（一）互联网金融门户类别

1. 从金融产品销售产业链的层面进行分类

根据相关互联网金融门户平台的服务内容及服务方式不同，笔者将互联网金融门户分为第三方资讯平台、垂直搜索平台以及在线金融超市三大类。第三方资讯平台是为客户提供全面、权威的金融行业数据及行业资讯的门户网站，典型代表有网贷之家、和讯网以及网贷天眼等。

垂直搜索平台是聚焦于相关金融产品的垂直搜索门户，所谓垂直搜索是针对某一特定行业的专业化搜索，在对某类专业信息的提取、整合以及处理后反馈给客户。互联网金融垂直搜索平台通过提供信息的双向选择，从而有效地降低信息不对称程度，典型代表有：融360、好贷网、安贷客、大家保以及国外的EhealthInsurance、Insurancehotline等。

在线金融超市汇聚了大量的金融产品，其在提供在线导购及购买匹配，利用互联网进行金融产品销售的基础上，还提供与之相关的第三方专业中介服务。该类门户一定程度上充当了金融中介的角色，通过提供导购及中介服务，解决服务信息不对称的问题，典型代表有大童网、格上理财、91金融超市以及软交所科技金融服务平台等。

从产业链角度分析，第三方资讯平台在产业链中充当的是外围服务提供商角色，垂直搜索平台在产业链中充当的是媒介角色，而居于二者上游的便是在线金融超市，该类门户在产业链中充当的是代理商角色。三者均为产业链下游客户服务，而处于三者的上游企业便是金融机构。

2. 从互联网金融门户经营产品种类的角度进行分类

互联网金融门户又可以根据汇集的金融产品、金融信息的种类不同，将其细分为P2P网贷类门户、信贷类门户、保险类门户、理财类门户以及综合类门户五个子类。其中，前四类互联网金融门户主要聚焦于单一类别的金融产品及信息，

---

① 详解互联网金融六大热门发展模式[EB/OL]. 中国经济网，http://finance.ce.cn/rolling/201309/17/t20130917_1512965.shtml，2013-9-17.

而第五类互联网金融门户则致力于金融产品、信息的多元化，汇聚着不同种类的金融产品和服务信息。

（二）互联网金融门户特点

1. 搜索方便快捷，匹配快速精准

互联网金融门户打造了“搜索＋比价”的金融产品在线搜索方式，即采用金融产品垂直搜索方式，将相关金融机构各类产品集中到网站平台上，客户通过对各类金融产品的价格、收益、特点等信息进行对比，自行挑选适合其自身需求的金融服务产品。

具体来看，从互联网纵向分层的角度上分析，互联网金融门户的重要革新主要集中在搜索层，即对海量金融产品信息进行挖掘、甄别、加工、提炼的过程和服务。互联网金融门户通过网络内容挖掘和网络结构挖掘，对各类金融产品信息等原始数据进行筛选和提炼，建立符合其经营产品类别的金融产品数据库，以便客户对金融产品进行快速、精准的搜索比价。同时，互联网金融门户还可以通过网络用法挖掘，将客户在网络交互过程中的网络行为数据抽取出来，进行智能分析，以便更好地了解客户的需求倾向。

2. 顾客导向战略，注重用户体验

互联网金融门户的另一核心竞争优势是顾客导向型战略，即通过对市场进行细分来确定目标客户群，根据其特定需求提供相应服务。其宗旨是提升客户在交易过程中的用户体验度，通过产品种类的扩充和营销手段的创新，动态地适应客户需求。

从经济学角度分析，互联网金融门户注重用户体验的原因在于网络金融产品和服务具有规模经济的特性。具体来看，虽然互联网金融门户额外增加一个产品或提供一次服务的边际成本较低，而且随着门户规模的扩大，其平均成本会随着产品供给的增加而不断下降。但是，互联网金融门户获取规模经济的先决条件是掌握大量的客户资源。因此，顾客导向型战略可以使互联网金融门户根据客户的行为变化及信息反馈，及时了解客户实时需求，为其提供差异化金融服务，甚至可以协助金融机构为其设计特定金融产品，更好地满足客户特定需求，从而使互联网金融门户进一步扩大市场份额，赚取更多的利润。

3. 占据网络入口，凸显渠道价值

从产业链角度分析，互联网金融门户的上游为金融产品供应商，即传统金融机构，下游为客户，而作为中间桥梁的互联网金融门户，其最大的价值就在于它的渠道价值。渠道通常指水渠、沟渠，是水流的通道。被引入到商业领域后，引申意为商品销售路线，是商品的流通路线，所指为厂家的商品通过一定的社会网络或代理商而卖向不同的区域，以达到销售的目的。

(三) 互联网金融门户历史沿革

1. 门户变革

在互联网发展初期，大多数网民的主要诉求是浏览新闻等信息，因此信息检索相对容易。此时，有着"门户网站的鼻祖"之称的雅虎凭借其著名的搜索引擎、丰富的内容以及独特的营销策略，迅速成为网民进入网络世界搜索信息的重要途径，开创了互联网发展史上的"门户时代"。随后，雅虎的成功使得门户模式被国内众多网站争相效仿，其中，以新浪、网易及搜狐最为典型，这三大综合门户在其成立之初便吸引了大量的用户。

然而，伴随互联网的迅速发展，网民数量急剧增多，网络信息也呈现出了几何级数的增长趋势，具有特定需求的网民想在信息极度过剩的互联网上找寻到符合自身兴趣爱好的信息需要耗费大量的时间，过程十分繁琐。显然，此时面对特定群体的特定搜索需求，综合门户已经不能满足人们的需要。因此，一批能够满足特定群体信息检索需求的垂直门户便应运而生。

国内垂直门户的产生还要追溯到房地产行业，1999 年、2009 年先后出现了搜房网、新浪乐居等家喻户晓的垂直门户网站。随后，随着网络技术的不断精进，垂直搜索引擎的出现推动了门户的进一步发展。在垂直门户的基础上，衍生出了许多依托于垂直搜索技术的垂直搜索平台。

垂直搜索平台是一种新型的搜索引擎服务模式，相对于通用搜索平台的信息无序化，其搜索结果更加专注于某一特定行业，搜索相关性要高于通用搜索平台，因此，其最显著的特点就是搜索结果的专业、精准以及深入。垂直搜索平台还带有浓厚的社区化特点。总而言之，垂直搜索平台的本质依然是垂直门户，只是依托垂直搜索技术对垂直门户信息提供方式进行了一次优化整合。

2. 互联网金融门户的产生与发展

从前文相关阐述可知，门户网站的发展经历了从综合门户到垂直门户、从通用搜索平台到垂直搜索平台两个重要阶段。而互联网金融门户便产生于第二阶段，即垂直门户的快速发展时期。此时，随着国内互联网逐步向分众渗透，网络应用逐渐深化,网络服务垂直化已成为重要的发展趋势,为互联网金融门户的产生提供了可能性。

首先,网络营销逐渐成为金融领域重要营销途径之一。随着互联网的发展,越来越多的客户倾向于先通过网络查询金融机构及相关产品的信息,充分了解后再进行交易。借此,营销从过去的被动式营销逐步转化成了现在的互动式营销,这就需要线下和线上不断地结合,为互联网金融门户提供了生存发展的市场空间。

其次,随着金融产品不断增多,客户面临着严重的信息过剩问题,对于客户而言,从网络中的海量信息里,找寻到适合自身需求的信息需要耗费大量的时间成本。而随着网络搜索技术的不断革新,金融搜索逐渐趋向垂直化,这种垂直化搜索的出现,不仅高效地整合了金融机构资源,同时还将相关金融产品信息准确快速地传递给客户,便于客户更加快速、精准地搜寻到其自身所需的产品,有效地降低了搜寻成本,从而也促进了金融业的发展。

上述两点为互联网金融门户的产生和发展提供了宝贵的契机,促使其形成了依托垂直搜索引擎、云计算等网络技术,以金融产品信息汇集和金融产品在线销售为主的门户网站。

互联网金融门户网站发展虽然不如 P2P 网贷、第三方支付发展那么迅猛,但随着互联网金融发展的加速,互联网金融行业的资讯也会以指数级的速度增长,关于信息搜索处理的需求将会越来越大,这也促使互联网金融门户网站的不断发展。当然互联网金融门户网站不会仅局限于提供资讯服务,而会将业务向垂直搜索、金融产品销售等更多的领域扩展,促进互联网金融业的不断发展。

二、互联网金融门户的发展现状

从 2011 年开始,互联网金融门户进入了快速发展期,不同类型的互联网金融门户如雨后春笋般地出现:2011 年 10 月,定位于 P2P 网贷行业的第三方资讯门户网贷之家上线;2012 年 3 月 28 日,同类型门户网贷天眼上线,类似的互联网金融门户还有 P2P 速贷导航等;而自 2011 年以后,包括融 360、好贷网、安贷客在内的信贷类垂直搜索门户陆续出现,其中融 360 还于 2013 年 7 月完成了红杉资本领投的 3 000 万美元 B 轮融资,反映出资本市场对金融搜索模式的良好预期;此外,类似于 91 金融超市以及软交所科技金融服务平台等以线上金融超市为核心的互联网金融门户也迅速地涌现出来①。

三、互联网金融门户运营模式分析

互联网金融门户提供了交易环节外的在线金融服务，这种智能化的运营模式将大数据技术、垂直搜索技术与金融顾问、贷款初审等传统金融服务相结合，实现了金融搜索方式以及金融业务流程的更新。虽然互联网金融门户的聚集产品类别不尽相同，但是其核心均在于利用数据的可追踪性和可调查性等特点，依托数据分析以及数据挖掘技术，根据客户的特定需求，为其筛选并匹配符合条件的金融产品。

下面根据互联网金融门户聚集产品类别的分类方式，对几类互联网金融门户商业模式进行详细的分析。

（一）P2P 网贷类门户

1. 定位

P2P 网贷类门户仅仅聚焦于 P2P 网贷行业，并不涉及银行等金融机构的传统信贷业务，因此，将其与传统信贷类门户加以区分，单独归类进行分析。

P2P 网贷类门户与 P2P 网贷平台存在本质上的差异。P2P 网贷平台是通过 P2P 网贷公司搭建的第三方互联网平台进行资金借、贷双方的匹配，是一种“个人对个人”的直接信贷模式。而 P2P 网贷类门户的核心定位是 P2P 网贷行业的第三方资讯平台，是 P2P 行业的外围服务提供商，通过为投资人提供最新的行业信息，并为其搭建互动交流平台，致力于推动 P2P 网贷行业健康发展。

现阶段，国内典型的 P2P 网贷类门户有网贷之家、网贷天眼以及 P2P 速贷导航等。

2. 运营模式

P2P 网贷门户网站秉承公平、公正、公开的原则，对互联网金融信息资源进行汇总、整理，并具备一定的风险预警及风险揭示功能，起到了对网贷平台的监督作用。

---

① 罗明雄. 互联网金融门户的百家争鸣[EB/OL]. 搜狐证券，http://stock. sohu. com/20141204/n406763281. shtml，2014-12-04.

3. 盈利模式

目前，第三方资讯平台类互联网金融门户的盈利模式与传统资讯类网站的盈利模式相比并无太大差异，依然主要是通过广告联盟的方式来赚取利润。不难看出，该盈利模式的核心在于流量，依靠网站的流量、访问量和点击率，吸引广告。门户日均访问量越多，越容易吸引企业投放广告，从而获取更多利润。

此外，有一部分 P2P 网贷类门户还通过对 P2P 网贷平台进行培训及相关咨询服务的方式来实现营收。

（二）信贷类门户

1. 定位

与 P2P 网贷类门户不同，信贷类门户主要与银行及相关金融机构直接对接。目前，该类别互联网金融门户核心业务形态主要以垂直搜索＋比价为主，因此，信贷类门户定位是信贷产品的垂直搜索平台，将传统的线下贷款流程以及信贷产品信息转移到网络，为传统信贷业务注入互联网基因。

2. 运营模式

鉴于信贷类门户的核心定位为垂直搜索平台，因此该类门户不参与借贷双方的交易，也不做属于自己的信贷产品。

在该类网站上，客户可以搜索到不同金融机构的信贷产品，并通过各类产品间的横向比较，选择出一款适合自身贷款需求的信贷产品。

在信贷产品信息采集方面，信贷类门户通过数据采集技术以及合作渠道提供的信息建立数据库，汇聚着各类信贷产品信息，并对产品信息进行实时更新，以确保客户搜索到的产品信息真实可靠。

在信贷产品搜索及匹配方面，信贷类门户设计了简明的信贷产品搜索框，包括贷款类型、贷款金额以及贷款期限等条件，便于精准定位客户的贷款需求，并根据其不同的需求进行数据分析和数据匹配，为客户筛选出满足其特定需求的信贷产品，供其进行比价。

最后，在客户申请贷款完成后，可通过信息反馈系统，即信贷经理评价以及用户短信评价两种方式，来实现金融 O2O 模式的闭环。

3. 盈利模式

现阶段，其收入来源主要以推荐费以及佣金为主，广告费、咨询费以及培训费等收入相对占比较低。

具体来看，信贷类门户依然具有门户网站属性，因此，互联网门户的流量价值自然会吸引在线广告的入驻，从中收取广告费用。但是广告联盟的盈利模式并不是信贷类门户实现盈利的主要方式。

（三）保险类门户

1. 定位

保险类门户的核心定位分为两类，一类是聚焦于保险产品的垂直搜索平台，利用云计算等技术精准、快速地为客户提供产品信息，从而有效解决保险市场中的信息不对称问题。典型代表有富脑袋、大家保、EhealthInsurance 以及 Insurancehotline 等。另一类保险类门户定位于在线金融超市，充当的是网络保险经纪人的角色，能够为客户提供简易保险产品的在线选购、保费计算以及综合性保障方案等专业性服务。典型代表为大童网、慧择网以及 Leaky 等。

保险类门户为客户提供了一种全新的保险选购方式，并实现了保险业务流程的网络化，具体包括保险信息咨询、保险计划书设计、投保、核保、保费计算、缴费、续期缴费等。

2. 运营模式

保险类门户对各家保险公司的产品信息进行汇总，并为客户和保险公司提供了交易平台。同时，为客户提供诸如综合性保障方案评估与设计等专业性服务，以确保在以服务营销为主的保险市场中，依靠更好的增值服务争取到更多的客户资源。

目前，虽然国内外保险类门户数目繁多，但按其业务模式划分，保险类门户主要以 B2C 模式、O2O 模式以及兼具 B2C 和 O2O 的混合业态经营模式三类模式为主。

3. 盈利模式

纵观国内外的保险类门户，其盈利模式通常可以分为以下三种：第一种是客户完成投保后所收取的手续费；第二种是依托保险类门户规模大、种类全、流量多等优势，通过广告联盟的方式收取广告费用；第三种是向保险机构或保险代理人提供客户信息和投保意向，从中收取佣金。

(四)理财类门户

1. 定位

理财类门户作为独立的第三方理财机构,可以客观地分析客户理财需求,为其推荐相关理财产品,并提供综合性的理财规划服务。理财类门户与信贷类门户、保险类门户的定位的差别为聚焦的产品类别有所不同,其本质依然分为垂直搜索平台以及在线金融超市两大类,并依托于"搜索+比价"的核心模式为客户提供货币基金、信托、私募股权基金(PE)等理财产品的投资理财服务。此外,部分理财类门户还搜集了大量的费率信息,以帮助客户降低日常开支。

2. 运营模式

理财类门户并不参与交易,其角色为独立的第三方理财机构。理财类门户通过合作机构等供应渠道汇集了大量诸如信托、基金等各类理财产品,并对其进行深度分析,甄选出优质的理财产品以供客户搜索比价。

同时,通过分析客户当前的财务状况和理财需求,如资产状况、投资偏好以及财富目标等,根据其自身情况为用户制定财富管理策略以规避投资风险,向其推荐符合条件的理财产品,并为其提供综合性的理财规划服务。

3. 盈利模式

现阶段,理财类门户的盈利模式较为单一,主要以广告费和推荐费为主。理财类门户通过带给理财产品供应商用户量和交易量,收取相应的推荐费,因此其盈利模式的关键在于流量。所以有效地提高转化率,将流量引导到供应商完成整个现金化过程,将成为理财类门户稳定收入来源的重要保证。

(五)综合类门户

1. 定位

综合类门户的本质与信贷类门户、保险类门户以及理财类门户并无太大差异,其核心定位依然是互联网金融领域的垂直搜索平台和在线金融超市。综合类门户与其他门户的不同之处在于所经营的产品种类,后三者均聚焦于某种单一金融产品,而综合类门户则汇聚着多种金融产品。

综合类门户本身不参与交易,而是引入多元化的金融产品和大量相关业务人员,为客户搭建选购各类金融产品以及与业务人员联系对接的平台。

2. 运营模式

综合类门户主要起到金融产品垂直搜索平台以及在线金融超市的作用，业务模式仍然以 B2C 及 O2O 模式为主。

3. 盈利模式

综合类门户的盈利模式可以划分为以下三种：

首先，综合类门户依托其流量价值，吸引在线广告的入驻，从而收取广告费用。其次，综合类门户通过向金融机构推荐客户和交易量，从中收取相应的费用。最后，综合类门户通过撮合交易，收取相应佣金。在客户购买金融产品的过程中，综合类门户可为其进行全程协助，待交易完成后向金融机构收取一定比例的费用作为佣金。

互联网金融门户的产生顺应了移动互联网的发展趋势。虽然上述几种互联网金融门户的聚集产品类别不尽相同，但是它们都在创新搜索方式、简化操作流程等方面做出了重要贡献，聚拢了更多的客户资源。

四、互联网金融门户对金融业发展态势的影响

从短期来看，互联网金融门户对金融业发展态势的影响主要体现在提高信息对称程度以及改变用户搜索金融产品信息方式两个方面。而从长期来看，当互联网金融门户拥有了庞大的客户资源，积累了渠道优势后，势必会对上游的金融产品供应商形成反纵向控制。下面将对其逐一具体阐述。

（一）降低金融市场信息不对称程度

众所周知，市场信息不对称往往导致道德风险与逆向选择，从而使低质产品逐步代替优质产品，这便是所谓的“柠檬市场”现象。而现阶段，以信息服务为核心的互联网金融门户，对金融业最显著的影响就是有效地降低了金融市场的信息不对称程度，从而有效地减少了“柠檬市场”现象出现的几率。

首先，互联网金融门户通过搜索引擎对信息进行组织、排序和检索，有效缓解了信息超载问题。其形成的“搜索＋比价”模式为客户提供了充足且精准的金融产品信息，有针对性地满足了客户的信息需求，从而减少了逆向选择的发生。

其次，由于 P2P 网贷市场、保险市场存在管理滞后、发展模式粗犷等问题，因此互联网金融门户还起到了一定监督职能，通过企业征信以及风险预警等方

式对相关企业进行实时监督，减少了道德风险的出现。

（二）改变用户

互联网金融门户对金融业另一个重要影响是改变用户选择金融产品的方式。

现阶段国内用户选择、购买金融产品还是以向金融机构咨询及代理商推荐等线下方式为主。据2010年底波士顿咨询(BCG)调研数据显示，中国客户通过网站了解并消费金融产品和信用卡的比例为28%左右，获取车贷、房贷的比例只占11%左右，超过50%的客户仍然通过银行咨询和代理商推荐等方式获取相关金融产品信息。

在这种传统搜索方式下，客户只能逐一地浏览各家金融机构网站或光顾其线下网点比较相关金融产品，但从搜索到购买的整套流程及时间投入过于冗长，客户的搜寻比较成本较高。

而随着大数据以及云计算等互联网金融核心技术的发展，互联网金融门户将金融产品从线下转移到了线上，形成了“搜索＋比价”的方式，让用户快速且精准地搜索和比较非标准化、风险性和复杂性较高的金融产品成为可能，使得其足不出户就可以搜索到满足自身需求的金融产品。与传统的搜索方式相比，“搜索＋比价”的方式大幅提高了客户的搜索效率，既节省了时间，又降低了交易成本，加快了信息及资金的流通速度。

对此，融360的判断是，两三年内在线搜索申请产品的比例有望上升到50%以上。“先去搜一搜、比比价，会成为网民购买金融服务的一种普遍习惯。”融360公司CEO叶大清表示。

（三）形成对上游金融机构的反纵向控制

从长期来看，随着利率市场化水平不断提升，资本市场不断完善，国内金融市场将会步入金融产品过剩的时代，金融领域的竞争格局也会从产品竞争逐步转向产业链竞争。届时，最稀缺的资源莫过于稳定的客户群体，而当互联网金融门户成长为掌握客户资源的重要渠道后，势必会拥有金融产品销售这一纵向结构的决策权以及对上游金融产品供应商（如银行、基金公司、保险公司、投资公司等）的议价能力，逐渐形成对上游供应商的反纵向控制。

目前，具备垄断属性的传统金融机构实施纵向控制的主要目的之一，就是凭借其垄断地位，通过制定高价格来维持高额的利润。但在反纵向控制中，获取了市场势力后的互联网金融门户并非如此，鉴于其需要通过吸收大量长尾客户逐步降低边际成本，从而更好地发挥渠道和成本优势。因此，作为销售渠道的互联网金融门户将会更多地采取低价策略来吸引客户。例如，全球最大的零售商沃尔玛的口号就是“天天平价”。

从经济学中静态分析的角度来看，反纵向约束的低价约束更为直接、有效。互联网金融门户通过这种方式迫使上游供应商，即传统金融机构从维持高价格获取高利润的策略，转变成通过高销量获取高利润的新策略，从而增加了消费者剩余，提高了整个社会的福利水平，真正实现了经济效益与社会效益的统一。

能够实施反纵向控制的互联网金融门户需要拥有巨大的企业规模，其核心就是所占有的客户数量。据 91 金融超市 CEO 许泽玮介绍，互联网金融门户需要占到单一金融机构 20%左右的成交量才能掌握单一客户的定价权。现在 91 金融超市只拥有个别客户的定价权，而从整个行业来看，无论是互联网金融门户的整体规模还是拥有的客户资源，还远未达到能够对上游金融机构实施反纵向控制的程度。

虽然目前互联网金融门户很难实现对金融机构的反纵向控制，但从长期来看，当其积累了庞大的客户资源，拥有了强大的渠道优势后，势必会像零售商一样，通过反纵向控制推动互联网金融行业的发展。

由上所述，可以看出互联网金融门户并未对金融脱媒产生直接影响，但是其对传统金融业的创新形成了良好的补充，促进了金融产品信息化程度的提高，给客户带来了更为丰富的金融产品以及更加便利的购买方式，提高了金融交易效率，从而加快了传统金融业适应互联网的步伐[①]。

五、互联网门户典型案例

互联网金融创业公司“91 金融超市”(以下简称“91 金融”)已完成 B 轮融资，2 亿融资额，估值据称已达 10 亿人民币，投资方为海通开元，是海通证券的直投子公司。

① 浅谈互联网金融门户对金融业发展态势影响[EB/OL]. 中研网，http://www.chinairn.com/news/20140807/164048192.shtml，2014-8-7.

图 8-1 金融超市网界面

“91 金融”成立于 2011 年，定位于在线金融产品导购与销售平台，当年收获经纬创投天使投资。现在，91 金融超市产品品类涵盖贷款、保险、理财等多项金融业务，已有超过 300 家各类金融机构入驻 91 金融平台。截至 2014 年 10 月，91 金融超市的业务已经遍地全国 87 个城市，更在北上深等一线城市设立分公司，已逐步发展成为中国最大的互联网金融产品销售平台。2013 年 9 月，再次被宽带资本领投 A 轮，获得 6 000 万的人民币基金投资。“91 金融”最初业务模式类似于贷款产品导购＋中介，2013 年融资后，业务线急剧扩张，已经延展到包括贷款产品搜索、企业＋个人理财、信用卡搜索、车险等领域。“91 金融”最初以人工服务出名，但目前的产品有了更多“用户自助”的特点(虽然服务还是很重)。另外在盈利模式上，“91 金融”也比之前有了较大改变。

当“91 金融”的业务重心还在贷款产品导购时，主要营收来自向贷款机构收取信息费＋佣金＋广告费。而在业务重心向企业＋个人理财转移的当下，主要营收则来自理财业务。

在企业理财一端，“91 金融”推出了面向中小企业的类资管产品“增值宝”。“增值宝”通过聚合中小企业的闲散资金，统一投资于银行大额存单、货币基金、银行理财等现金管理类产品，依靠议价权获取收益，可以理解为企业版余额宝。

在个人理财一端，“91 金融”2014 年 3 月份上线了“91 旺财”(见图 8-2)。基本形式是 P2P，但比较有意思的是，该 P2P 主要投资的是企业“过桥借款”。一般企业在向银行申请贷款时，会有一定周期，而如果用款需求比较急的话，就

图 8－2　91 旺财界面示意图

需要在银行资金到账之前有其他的资金来源做“过桥”。在之前我们与许泽玮（“91 金融”创始人）交流时，许泽玮表示他们的模式是“在银行基本同意向企业发放贷款，而企业还未收到资金的空挡，提供融资支持”，所以我们看到“91 旺财”上的标的周期都十分短，全部只有 1 到 3 个月。而且理论上，风险性应该比较低（有银行背书）。

根据网上未经确认的信息，“91 金融”每天（贷款）成交超过 2 000 笔，日交易额过 3 亿元。自上线以来，累计交易规模已过千亿。2013 年，该公司全年营收在 1 亿元以上，而 2014 年仅上半年就已达成该数额。2014 年 5 月，“91 金融”吸纳了前 ChinaVenture 总编辑吴文雄加盟，以联合创始人身份分管战略、市场、媒体运营等相关业务。2014 年 11 月 19 日，“91 金融”荣获 2014 年度最佳机构单项奖——最佳互联网金融超市奖。

为了给用户提供更好的“一站式购物”极致体验以及种类丰富又具价格竞争力的金融产品，91 金融超市目前也正处于改版升级的阶段，新的 91 金融超市升级上线之后，全新的理财、贷款、保险、钱包等专区将会让每一个消费者享受到更为“安全、便捷、专业、免费”的普惠金融服务。

91 金融超市上线三年以来，已经累计服务金融产品消费者数百万人次，现在仍然以每天数千人的速度在增长。相信在改版升级上线之后，91 金融平台方便、快捷、高效的核心优势将进一步凸显，荣获“2014 年度最佳机构单项奖——最佳互联网金融超市奖”实至名归。互联网金融线上和线下的服务是互补的，创新已是行业的共同主题，91 金融超市已经开始从导购平台向服务平台过渡。在国外，没有互联网金融这个概念，未来中国的互联网金融或许会被叫做新金融。通过坚定布局金融生态系统建设，91 金融完整构建了从个人消费者，企业级用户，再到银行等金融机构的金融产品与服务生态体系，无论是着眼行业创新的发展战略规划，还是推进业务拓展的执行力，91 金融都遥遥领先于整个互联网金融行业。①

六、互联网金融门户的未来发展

目前，互联网金融门户不仅其商业模式获得了投资机构的认可，而且市场空间广阔，总体上呈现出了良好的发展态势。在总结互联网金融门户发展现状的基础之上，对其发展前景进行了合理的展望，认为未来互联网金融门户的发展趋势主要有以下四点：

1. 门户发展渠道化

互联网金融门户依托大数据技术，通过垂直搜索的方式解决了交易过程中的信息不对称问题，不仅为客户提供快速而全面的行业信息、便捷而精准的金融产品推荐服务，同时还为金融机构提供智能化的金融产品销售服务，有效地降低了金融机构的交易成本。

因此，在互联网金融生态系统中，互联网金融门户将成为集资讯、在线销售以及相关增值服务于一体的金融产品销售渠道。通过结构化的垂直搜索方式，搭建一个产业联盟平台，聚集产业链上下游企业。互联网金融门户不仅为产业链增加了技术协助，还为供需双方实现信息交流、业务对接以及利益共赢提供了良好的平台。

2. 产品类别多元化

对于垂直搜索平台而言，信息不对称是其致力于解决的首要问题，因此，平台上的产品覆盖面越广、产品数量越多，其上游企业的资源越分散，信息传递越充分，平台的价值也就越大。这也是融 360 在信贷搜索之后又上线了信用卡搜索、以记账理财为核心业务起家的手机 APP 挖财于 2013 年 7 月推出基金交易服务以及软交所科技金融超市一上线就涉及企业贷款、股权融资、政策融资、企

---

① 沈超."91 金融超市"完成 B 轮融资，传估值十亿人民币[EB/OL]. 36 氪原创文章，2014 - 6 - 15. http://tech.163.com/14/0615/12/9UPFNG2B00094ODU.html

业理财以及新三板/IPO五大类金融产品的重要原因。

由此可见，在经营产品类别方面，以垂直搜索平台为核心的互联网金融门户未来必将呈现产品多元化的发展趋势，即门户将汇聚不同种类的金融产品，从单一金融产品的垂直搜索平台转化为汇聚不同种类金融产品的综合类垂直搜索平台，如信贷类垂直搜索平台可以开展P2P网贷、信用卡等搜索业务，而保险类垂直搜索门户可将业务范围延伸到理财、中期信托、短期保险基金等，供用户搜索比价，从而深层次、多角度地挖掘和满足用户需求。

3. 业务模式多样化

互联网金融门户的核心是客户，而随着人民生活水平日益提高，金融产品不断创新，满足客户对金融产品多元化需求的同时提升用户体验，将成为保障互联金融门户核心竞争力的关键。

因此，在业务模式方面，互联网金融门户不会仅局限于当前的B2C模式，随着依托大数据、云计算等互联网金融核心技术的不断发展深化，互联网金融门户将通过对客户搜索习惯和行为特征进行有效记录和智能分析，从而协助金融机构为客户量身设计金融产品，通过自主定制产品的方式加强客户在交易过程中的自我成就感，提升用户体验，逐步形成互联网金融领域的C2B模式。

4. 营销方式移动化

随着移动通信技术和手机终端设备的发展，越来越多的客户形成了使用手机浏览和支付的消费习惯。因此，结合移动互联网的发展趋势，未来互联网金融门户势必会涌现出一批像铜板街以及挖财等手机APP，便于客户随时随地进行搜索比价。通过PC端到移动端的全方位布局，互联网金融门户将使其产品信息的传播更加及时，业务流程更加便捷，从而更好地聚拢客户资源，充分发挥其渠道优势①。

---

① 京北金融罗明雄：互联网金融门户的未来趋势[EB/OL].百度文库.

第九章

传统金融互联网化

一、传统金融互联网化概况

传统金融机构的互联网化，与互联网企业的金融化是两列对开的火车，方向不同，终点一致。互联网金融是传统金融行业与互联网相结合的新兴领域，从金融服务类别上讲，传统金融的互联网化主要体现在互联网银行、互联网保险、互联网券商和互联网基金上，而互联网企业的金融化虽然一直以来旁敲侧击，看似在传统金融的边缘瞎折腾，但是他们的眼睛一直在瞄准银行、保险、证券和基金这些主要的金融品类。

从平台建立方式上讲，有传统金融自建互联网平台，如各家银行的网银服务、线上保险等；有互联网企业自建平台，如微众银行、P2P 平台；也有传统金融与互联网公司二者联手做平台的，如三马的众安保险，余额宝和天弘基金的结合。

传统金融企业受互联网冲击的程度取决于三个方面：行业准入门槛、市场化程度、专业壁垒。

行业准入门槛，即牌照获取难易度，易于获得经营牌照的行业受冲击更大。保险业国内目前主要通过互联网销售产品的，已有一家以中国平安为股东的众安在线财险公司获得保监会的批准。证券行业，国内已有东方财富正在积极申请电子券商牌照，但目前尚未获得批复。虽然银行牌照难以获取，但人人贷等一批 P2P 平台、余额宝等业务逐渐开始抢夺银行的传统存贷款业务。

专业化壁垒，即该行业的运营模式或产品特征是否较为特殊，互联网化的难度。网络也有它的局限性，复杂的产品难以销售，预计专业化高的行业受未来冲击小。保险方面，大部分寿险业务（如分红险、传统险等）较为复杂，难以快速复制和销售。但财险业务中车险和意外险等较为简单、未来或将更多在线上销售平台出售。券商方面，投行业务、资管业务等技术含量较高，难以复制，受影响较小。传统经纪业务主要依赖通道，技术含量较低，未来或将受低成本的互联网巨大冲击，如美国的 e-trade、嘉信理财等依靠低佣金率迅速抢占经纪业务市场。银行方面，业务较为简单，易于复制。银行的“存贷汇”几乎没有技术含量，很容易受冲击，如支付宝开始冲击存款业务，余额宝开始冲击银行理财产品业务；而人人贷则开始抢夺贷款业务。目前如果没有央行和银监会的保护，银行“存贷汇”业务的日子会非常难过。互联网未来或将对银行传统业务进一步冲击。

市场化程度，市场化程度进行得越深入的行业，预计未来受到的冲击越小。保险方面，市场化进程刚刚开始，尚未完成，产品竞争力相对较差，或将受低成本的互联网销售的影响。券商方面，刚刚开始市场化，会受冲击。而银行方面，利率市场化还没有开始，如果不保护，受到冲击会最大[①]。

二、互联网银行

在我国，银行业一直是金融业的主体。互联网金融的快速发展给传统金融业带来越来越大的影响，以商业银行为代表的传统金融机构正面临前所未有的挑战和冲击。面对这一新变化、新挑战，传统银行业应该如何看待与应对？

1. 银行向互联网努力

面对网络金融的大趋势，各商业银行也在积极应对，努力向网络化方向发展。主要表现在以下几个方面：

一是大力发展网上银行、手机银行业务。国内银行中，网银第一梯队的工商银行、招商银行做得非常早，网银第二梯队的兴业银行、民生银行、浦发银行、建设银行、中信银行做得也相当不错。数据显示，2013 年，国内电子银行交易规模的增长速度远远超过了银行柜面业务的增长速度，全年国内网上银行交易规模达 1 231.6 万亿元，同比增长 23.7%。与此同时，2013 年个人手机银行用户比例为 11.8%，比 2012 年增加近 3 个百分点，2014 年则达 15%，手机银行业务的发展呈现出巨大潜力。同时，2013 年上半年大部分上市银行的电子交易替代率超过 70%，民生银行更达 94.43%。可以看出，电子银行已经逐渐成为人们享受

① 贞元. 互联网企业与传统金融机构的“攻防战”[EB/OL]. 虎嗅网，2014－1－20.

金融服务的首选渠道。在未来银行业的激烈竞争中，电子银行将成为各大银行推进自身转型、争夺金融市场的重要发力点，而未来电子银行业务将怎样发展、朝着哪些方向发展成为了业界各类人士所关注的重要话题。

二是向互联网企业抛出橄榄枝。2013年阿里巴巴（中国）有限公司和民生银行在杭州签署战略合作协议，双方战略合作全面启动。除了传统的清算与结算、信用卡业务等合作外，理财业务、直销银行业务、互联网终端金融、IT科技等多方面也是合作重点。

三是与通信行业联姻，瞄准移动支付市场。2010年，中国移动入股浦发银行，在"移动金融，改变生活"战略合作产品发布会上，双方推出四款战略合作产品：中国移动浦发银行联名卡及演进产品（NFC技术的手机）、手机汇款、全网客户话费代缴和生活缴费。新潮、便捷，是这些移动支付产品的共同特点。

2. 互联网金融背景下银行客户行为特点探析

面对互联网金融的来势汹涌，银行客户的心态及行为也在悄然发生变化。

1）银行客户忠诚度高

客户对于柜台的选择倾向性更大，网络理财倾向于银行产品，对于民营银行的理性态度，都说明客户对于银行的黏性较大，忠诚度高，更信赖银行。牢牢把握住客户的行为习惯，加深与客户的交流互动，改进产品和业务体验，不断提升客户忠诚度，是商业银行发展互联网金融的重要前提。

2）年龄和学历综合决定了银行客户对于互联网金融的接受程度

就目前渠道使用而言，习惯于网上办理银行业务的客户普遍学历高，平均年龄较小；而习惯于柜台办理银行业务的客户学历较低，平均年龄偏大。年轻、高学历的客户是银行发展互联网金融业务的目标客户，对于尚未习惯使用网银、手机银行的年轻、高学历客户，他们的接受能力强，可以对其行为习惯进行引导，先从渠道习惯上进行网银和手机银行的渗透；而对于已经习惯使用网银、手机银行的客户，可以进一步对其展开电子商务、网络理财、网络信贷业务的营销攻势。

3）网络支付已经深入人心

不论是网络结算还是网络购物，互联网已成为客户生活中不可或缺的一部分。面对银行的柜台压力，客户已经习惯通过网银、手机银行进行转载汇款、缴费，基本结算在柜台上的比重已经大幅下降；而解决客户日常购物需求的方式，也已经逐步在从物理门店转向网络，客户越来越习惯通过网络购物来进行产品种类、价格、信誉等方面的比较，以满足自身需求。

4）方便、快捷是重要的客户体验

从对客户的调研可以看出，对于追求多样化、差异化和全面性服务的互联网金融消费者，方便、快捷、参与和体验是客户的基本诉求。银行业务是客户生活中无法回避的一个方面，但随着生活节奏的逐步加快，客户可能没有太多时间来银行办理业务，方便、快捷就成为客户进行网上结算与支付的重要诉求。银行方只有不断改进网上银行、支付平台的界面和操作流程，不断扩张网银、手机银行的功能，不断提升效率，提升客户体验，才能在互联网金融大战中获得先机。

5）安全性是客户的基本要求

客户一方面在追求网络支付方便、快捷的同时，对于资金的安全性和安全手段的多样性也提出了更高要求。目前银行的安全控制手段主要有 U 盾、口令卡、电子密码器、短信认证、动态密码卡等多种方式，这是银行在互联网金融竞争中的优势，要不断坚持、优化对客户资金安全、交易安全的保障功能，这是确保银行口碑和声誉的生命线，同时也能看到在客户不选择民营银行的主要因素也是资金的安全性问题。

6）移动支付还有很大提升空间

客户的手机银行使用占比仍然较低，其原因在于一方面智能手机的全面普及还需要一个过程，另一方面即使使用智能手机的客户也可能因为安全考虑或者支付习惯而没有使用手机银行。但银行的网银客户群体是很庞大的，手机银行的客户完全可以从网银的客户中去发掘，二者一脉相承。因此，在客户的习惯培养上，在宣传攻势上，在活跃度上，在业务多样性上，移动支付还有很大提升空间，但也是发展的必然。

（7）内部竞争不容小觑

尽管银行客户的忠诚度较高，但民营银行在互联网金融的运作上经验更丰富，随着其银行牌照的申请成功，银行业务和产品不断成熟，加上媒体的宣传攻势，势必会分流一部分国有大银行的客户和业务。所以各个国有商业银行要积极做好迎战的准备，一方面要加强与互联网企业的合作，另一方要逐步壮大自身的互联网金融产业。

3. 银行客户行为变化趋势对银行业的机遇和挑战

1）所带来的机遇

一是重新审视物理网点对于发展互联网金融的契机。从表面上看，银行的物理网点以及所处理的柜面业务与网络金融是一种相对关系。但物理网点每天要接待大量的客户，这些客户的忠诚度很高，而且有相当一部分没有离柜，或者对于网络支付、网上理财、移动支付业务还不熟悉。银行反而可以借互联网金融的东风，加大宣传与引导，充分将基本结算、缴费等业务进行柜面分流，减轻柜台压力，还能充分挖掘自身的网上银行、手机银行、电子商务目标客户。同时顺势而为，切实以客户为中心，以市场为导向，增强与客户无缝隙接触、加强客户参与和体验，精简业务流程、提高业务执行效率，为客户提供更加快捷、便利、价值含量高的金融服务，提升其活跃度和忠诚度。

二是为商业银行注入创新的动力。虽然互联网企业的金融尝试给银行带来一定的冲击，但在一定程度上对银行传统业务也是一种补充，它也覆盖了传统银行业务的一些盲区。互联网热爱创新的基因，也给商业银行带来了创新的动力，引发了商业银行对自身经营模式的重新思考。面对压力和冲击，商业银行一定也不会墨守成规，一旦银行主动地去创新，不断地加大创新和变革的力度，充分发挥自身的优势，银行也一定能够在未来互联网应用的发展过程当中成为主力军。

三是超强的风控能力保证银行的健康发展。互联网金融的迅猛发展，也带来的一些安全隐患，这也正是客户极为关注的问题。而银行业经过数十年的发展，积累了丰富的风控经验，有精确的资本金配比、准备金制度、完善的风控流程，严格遵守巴塞尔协议，对于客户的身份认证、资金监管、账户安全有强大的优势。而这些是新生的互联网企业所不具备的，商业银行应发挥优势，以稳健的经营牢牢抓住客户。

四是“倒逼”银行加快战略转型和结构调整。互联网金融尽管短期内在交易额、资产总量、市场地位等方面难以与商业银行相比，但却能为银行未来的长期健康发展带来“鲶鱼效应”，激发银行战略转型、调整业务结构、改善服务水平和提升服务效率以及大力发展网上银行、手机银行等新兴业态。上从商业银行的经营哲学、战略导向、管理理念，下到银行网点建设和业务操作方式等所有层次和整个系统，商业银行会逐步增强对互联网金融的认知，将互联网业务当作核心业务而非增值业务，开拓新市场。

2）所面临的挑战

互联网金融带来的最大挑战在于其加速了“金融脱媒”。所谓“金融脱媒”是指在金融管制的情况下，资金的供给绕开商业银行这个媒介体系，直接输送到需求方手里，造成资金的体外循环。

在传统的支付产业链中，电商、第三方支付公司和银行扮演着各自的角色：电商为用户提供网上交易平台。第三方支付建立网关服务平台，实现消费者、商家、金融机构之间的在线支付，并提供现金流转、资金清算服务。银行则是最终资金结算服务的提供者。但随着第三方支付机构的发展壮大，他们已不满足于只做银行的网关支付平台，而是借助其数据信息积累与挖掘的优势，开始直接向供应链融资、小微企业信贷融资、吸纳存款、投资理财等领域扩张。金融脱媒将直接影响银行的中间业务收入、存款和信贷业务，甚至会动摇银行的账户根基。

4. 商业银行面对客户行为变化应采取的对策

互联网金融的特征实际上就是金融行为的互联网化，为客户建立直接、方便、快捷的金融服务，其发展的基础是大数据分析，缺乏数据支持的互联网金融是无本之木，所以商业银行迎战互联网金融的主要战略就是要在经营中加入互联网元素，并使客户的大数据分析真正起到对经营发展的支撑作用。从调研分析的数据也能看出，银行客户对银行的业务依赖还是比较高的，关键是商业银行如何在互联网金融时代自我改变迎合客户需求。

1）转变理念，提升商业银行互联网技术水平

从战术上讲，商业银行应该转变理念，放下抵触心理，甚至化敌为友，加强与互联网企业的合作共赢。互联网金融的发展，其实是金融行业互联网化与互联网行业金融需求的融合。商业银行擅长经营银行业务，但缺乏“互联网基因”。如果用互联网基因重组行业，想必凭借严格的监管、雄厚的资产、良好的信用体系和完善的安全机制，商业银行将成为互联网金融时代的最大赢家。

一是要建立商业银行互联网金融研究和实施机构。对于互联网金融现象和发展，商业银行已经不能等闲视之，必须予以重视，应该建立本行互联网金融相关部门，对互联网金融的发展进行研究，并尽快建立基于客户的适应商业银行发展的新型金融模式。

二是积极学习，寻求转型。银行业要学习互联网企业的网络营销方法和策略，学习对客户交易数据的分析能力以获得信用评价体系和信用数据库。在互联网时代，第三方支付、社交网络不仅是商业银行的竞争对手，也是商业银行的盟友，只要合作得当，双方可以共同开辟新的市场。

2）壮大自我，搭建互联网金融交易平台

商业银行要建立自己的互联网交易平台，交易平台拥有丰富的金融功能，支

持各大电商交易和支付服务；支持投资理财、网络融资、消费信贷服务；支持个人和法人资金流、信息流、物流信息服务。

一是在互联网金融时代继续发挥信用中介功能。支付宝类第三方支付产品的出现源自于互联网企业和个人交易客户对金融支付的需求。银行恰恰是社会中发挥信用中介的主体，商业银行应该整合各类支付功能，利用自身庞大的客户群发挥信用中介功能，成为各类电商的交易支付平台。

二是突出互联网网上银行的功能和地位。商业银行一般都建立了自己的网银业务，但基本上是物理渠道的一种补充，并未上升到银行经营的战略地位。在网络金融时代，商业银行从战略安排上应改变当前对网上银行的认识，提升网上银行地位；从技术上要继续丰富或者细化网银平台功能，优化网银用户体验，使网银涵盖银行的所有线上金融服务及第三方支付功能。

三是提供客户资金流、信息流、物流整合服务。通过客户交易行为及数据分析，通过互联网与客户供应链结合、与中小企业信贷信息相结合，致力于为客户提供"全程供应链"金融、信息和物流服务。满足客户整体需求。

3）锐意创新，不断加强网络客户的黏性

互联网的最大特征就是创新，进入互联网金融时代，商业银行只有不断进行金融创新才能牢牢吸引客户眼球，在互联网金融的竞争中立于不败之地。

一是宣传创新。互联网时代是信息时代，如何使客户在海量的信息中抓取商业银行的有关信息，创新宣传传播模式很重要。除了传统的宣传折页、海报、易拉宝、背板、电视广告、广播，还应时刻关注当前网络流行因素，及时跟进，比如微博银行、微信银行、APP客户端等等，当前流行什么，就做什么媒介宣传，速度一定要"快"，内容一定要"新"。

二是产品创新。从客户调研可以看出，即使在互联网金融时代，收益、风险仍是客户关注的重点，但是方便便捷已经上升为第一位的因素，占比为47.06%，这说明，客户的金融消费倾向也在悄悄地变化。银行在设计产品时要注重这些因素，既要考虑为客户提供高收益、低风险的产品，更重要的是，创新产品要有可得性、便利性，最大限度满足客户需要。

三是营销创新。网络营销创新不仅仅只是简单地将传统营销方式网络化，而是紧紧抓住企业营销活动与消费者实施双向有效沟通这一根本性改变，结合网络平台，在企业与顾客之间建立起有别于传统的新型主动性关系，提升营销工作的准确性与效率。

4）流程再造，不断改进自身金融服务和产品

当前的互联网金融具有尊重客户体验、强调交互式营销、主张平台开放等新特点，因此，要树立“以客户为中心”的理念，及时根据客户需求改进附着互联网的金融产品。

一是把物理网点作为客户价值提升的一个场所。商业银行应当将物理网点作为发展互联网金融的重要阵地，将其作为一个客户价值提升的场所。对于物理网点的定位，应该是智能网点的建设。不单是柜台业务的处理，自助机具的摆布，还应该设置网银、手机银行的体验区域，并由专门的电子银行引导员进行讲解，让客户在物理网点既能享受一对一的柜台服务，也能通过自助机具、电子银行办理银行业务。更重要的是客户在物理网点实现与银行专业人员的一对一交流，实现客户价值提升的最大体现。

二是不断提升网络操作界面的便捷性。网络操作界面的便捷性，是影响客户直观体验的重要因素，也是增强客户黏性的重要手段。银行要设立客户体验部，定期收集客户对于网络操作界面的意见和建议，针对客户需求，及时作出调整。必要时，要满足不同口味客户的感官体验，设计多个颜色、模式、产品摆布的操作界面，满足客户个性化需求。

三是简化、整合业务流程和产品。商业银行应简化业务操作方式、减少银行卡申请、贷款申请等审批环节，为客户提供便捷服务。同时，以其存款、贷款、汇款、支付、银行卡、理财等多业务为基础，打破传统银行部门局限，充分整合客户多账户、多币种、多投资等信息，通过数据分析客户的消费习惯和投资偏好，从而为客户提供个性化的优质金融服务。

四是真正重视小微企业诉求。随着储蓄红利逐渐消失，存贷利差缩小，小微企业的业务将摆在重要位置。而小微企业正是互联网金融的生力军，要尽可能提高与小微企业金融需求特点相匹配的专属服务，尤其是要满足小微企业的融资需求，这一点十分重要。

5）发挥优势，加强风险控制以提升客户忠诚度

在调研分析中可以看到，大部分客户对资金风险的要求还是很高的，金融风险管理是商业银行的优势。商业银行要充分发挥好这一点优势，以提升客户忠诚度。

一是抓好客户信息真实录入。只有确保客户的真实身份，才能使当前的网络信用环境与社会信用体系形成有效的对接，建立起真实有效的信用体系，才能

确保买卖双方、借贷双方在一个透明的环境中进行交易，这是互联网金融健康发展的基础。

二是加强风险系统建设。互联网形式下的交易过程虚拟化程度高，商业银行要优化现有的风险防控体系，既要灵活面对互联网金融客户便捷的金融需求，又要对发生的金融交易进行实时的风险监控，这要求商业银行的风险防控体系不断前移，把防控做在业务发生之前，比如对客户情况、对交易情况要有充分了解。

三是丰富安全支付手段。互联网金融时代支付的最大特点是客户自我交易程度较高，这需要在支付环节为客户提供更为安全的支付工具。商业银行要丰富U盾、电子密码器、动态密码卡、短信验证等手段，可让客户根据自身需求和实际支付金额大小，进行安全手段的选择或风险控制组合。

6）人才建设，培养复合型互联网金融人才

互联网金融近几年发展迅猛，但是相应的人才储备并没有跟上，由于互联网金融是一个新兴行业，所以从业人员的经验普遍都比较少。在这种情况下，互联网金融急需复合型人才，要懂互联网还要懂金融，就目前来说这样的人才非常少。因此，集金融业务知识、网络信息技术、市场营销技能、网络工具运用技能等多种知识技能于一体的互联网金融营销复合型人才，将是互联网金融领域争夺的重点。

对商业银行而言，一方面要大力挖掘优质互联网企业的优秀复合人才，另一方更要加强对现有人才的互联网基因培养，逐步建立起一支复合型的互联网金融营销团队。

7）加强分析，以“大数据”的理念拥抱互联网金融

随着信息技术的不断革新和互联网的不断发展，商业银行不仅建立了全国性的计算机网络，还实现了业务运作和经营管理的全面信息化、数据化。经过数年累积，银行已经在客户信息、账户信息、产品信息、交易信息、管理信息方面积累了大量数据，这本应是银行迎战互联网金融的一大优势，但目前存在的问题是，商业银行对现有数据的挖掘不够，客户网络交易的具体数据匮乏。

一是商业银行要深入挖掘现有数据。包括个人客户的年龄结构、个人客户的资产情况、投资理财记录、信用卡客户的消费记录、企业客户的上下游交易记录、贷款记录、信用记录等，要从这些海量数据中有针对性地抓取与互联网金融相关的数据，建立互联网金融的精准营销系统。目前工商银行已经开发出

了 EBM 系统，这是一个非常好的尝试，可以类比用于互联网金融目标客户的挖掘。

二是商业银行要不断积累客户行为数据。就目前的情况，银行以个人或法人账户为中心，通过研究其在柜台结算、电子银行支付、信用卡支付、银行存贷等环节业务的发生情况，分析客户具体金融行为，并根据分析结果向客户提供结算、理财、信贷等金融服务①。

5. 典型案例

案例一：工商银行——“互联网金融”转型，工行再立潮头！

对于正在从传统银行向互联网金融转型的工行来说，俗语“船大调头难”并不适用。作为工行互联网金融转型的竞争对手，阿里小微金融的高管也不得不承认：没有工行网银就没有互联网金融。

2014 年 7 月，在新兴媒体产业融合发展大会上，中国工商银行行长易会满表示，“近年来，工商银行对互联网金融不但不排斥，还是重要的参与者、推动者。”易会满说，工行在支付、融资、投资理财、电子商务、线上线下一体化服务等五大领域全面推进互联网金融创新，初步形成传统与新型金融业务协同发展的格局。

“工银 e 支付”：网购快捷支付神器

姚女士老家在新疆，毕业后在沈阳工作，逢年过节回家买车票最让她头疼。12306 网站把平台问题解决了，支付问题接踵而来。工商银行为更好地满足电子银行客户需求推出了一款网购快捷支付神器“工银 e 支付”，让问题迎刃而解。对于 5 000 元(含)以内的支付，只要您输入预留手机接收到的短信验证码，即可轻松完成付款。

据了解，工行网站 www. icbc. com. cn，手机银行 wap. icbc. com. cn，微信银行等渠道都可以自助开通“工银 e 支付”，而且百万网店支持，网购全通用。2014 年 10 月 15 日前，凡在 12306 网站上订购火车票，并选用工银 e 支付成功完成交易的客户，即可免费获赠由工银安盛人寿保险有限公司提供的一年期工银安盛人寿 e+安行高速列车意外伤害保险一份。活动期间(以支付成功时间为准)，使用工银 e 支付在 12306 网站上订购火车票，于每日 20：00 开始第一个成功完成交易的客户，即可获得 100 元话费。

① 互联网金融时代银行客户行为变化趋势及对策研究[EB/OL]. 中国网络信贷银行网，2014 - 1 - 14.

工行手机银行:交费不用再“跑银行”

不只是买票不用跑车站,用工行手机银行,不用“跑银行”,也照样能把生活打点得井井有条。以工行手机银行为例,目前它所提供的服务几乎覆盖了银行业务的方方面面。如果你是房贷一族,手机银行上可以查询贷款信息及还款计划,并方便你每月通过账户转账来还款;如果你常常刷卡消费,用手机银行来查看信用卡刷卡明细和按时还款就再方便不过了;工行手机银行的缴费站服务更是“包罗万象”,煤气费、电费、数字电视费、手机话费、学杂费等,“跑银行”的日子将离你远去;如今人们的生活越来越好,出国旅游和求学也不是稀罕之事了,工行手机银行还提供了小额购汇服务,出境更轻松。

移动金融:转账汇款还能投资理财

小柳来沈工作5年,现在一家商业企业任职,过着租房的生活。因为房东在外地,以前小柳每季度交房租,不是跑银行,就是去自助设备转账。直到他使用手机登录工行手机银行网站后,轻轻松松不到一分钟,曾经让他头疼的问题就解决了:“手机变成装在口袋里的银行,真是方便!一个季度的房租费3 600元,去银行柜台办理,既要排队,还要交50元的手续费;而通过手机银行,手续费还能打2折,省出来一顿饭钱呢。”

轻松交房租后,小柳发现工行手机银行有用的地方还有不少,除了转账汇款外,还可以投资理财,“动动手指就可以将股市资金转入银行存放通知存款或购买超短期理财产品,也能随时杀回股市,买黄金、买基金、炒外汇也变得十分容易,所购基金的净值、理财产品的收益等也是一目了然。”

“网贷通”:成国内最大网络信贷银行

对小微企业客户,工行还专门打造了一款互联网融资产品“网贷通”,使小微企业通过互联网就能完成贷款的申请、提款和还款。

统计显示,截至2014年6月末,工行“网贷通”余额已超过3 000亿元,达到3 014亿元,较年初增加494亿元,增幅达16%。同时,工行“网贷通”迄今已累计为6.3万家小微企业提供了1.34万亿的贷款支持,是目前国内互联网金融领域单体金额最大的融资服务产品,同时也使工行成为国内最大的网络信贷服务银行。

据介绍,“网贷通”是工行专门为小微企业客户量身打造的一种网络自助式循环贷款服务,企业只需一次性签订循环借款合同,便可在合同有效期内足不出户完成贷款的申请、提款和归还等过程,不受时间和空间的限制,特别契合小微企业短、频、急的资金需求特点。由于“网贷通”具有高效自主、不提款不计息的特点，企业可根据销售淡旺季等情况随借随还，可以有效降低融资成本，满足了小微企业对资金需求的间歇性、周期性特点。

工行相关负责人告诉记者，“网贷通”不是简单的“模拟线下流程”，而是结合互联网跨时空、跨地域的渠道特性来构建一套既契合网络操作行为且风险可控的业务模式，能够有效支撑客户随借随还的业务需求①。

案例二：招商银行“云按揭“布局零售业务 O2O 转型

相比银行冗长、繁复的贷款申请、审批流程，快速放款一直是 P2P 借贷平台最核心的竞争力。留心一下 P2P 的广告，“快速、便捷、高效”通常都是出现频率最高的词。

招商银行一项基于云技术作业的个人按揭业务“云按揭”已悄然上线。此“云按揭”业务号称可实现个人房贷“5 分钟预审批，20 分钟报件，资料齐全 24 小时内完成审批”，这一速度无疑秒杀了不少网络借贷平台。此前招商银行“小企业 e 家“的推出，是招商银行在业务层面进行的互联网金融创新，那么“云按揭”背后隐现的则是招商银行零售业务 O2O 转型的全面布局。

未来的银行零售业态，将不再局限于具体消费产业和形态的后端，而是通过与消费形态结合的方式走入前端，那么对于银行而言，O2O 的零售产品渠道布局将不可缺少。

银行的零售战略是客户、产品与渠道的统一。在第一个阶段，通过丰富的产品来获得市场与用户的认可，之后在优势产品的带动下驱动整个零售产品体系的发展，并最终形成一个闭环性较强的零售产品服务体系。到了第二个阶段，在产品丰富和后台支撑能力强化的基础上，就需通过多样化的产品进入渠道来进一步提升银行客户的产品使用黏性和认知度。而在当下，在互联网时代，零售服务必然要顺应趋势，即综合利用线上和线下两种渠道的用户需求和产品通道。

在传统模式下，操作住房贷款往往因其环节多、流程长、放款慢、额度紧而效率低下。主要因为房贷按揭涉及个人、银行、地产商多个环节，如果纯线下完成周期往往很长。招商银行目前的个人房贷规模大约有 7 000 亿元，每月仅还款 200 亿～300 亿元，个人房贷的新增量也很大。以“云按揭”为例，这样一个千亿

---

① “互联网金融”转型，工行再立潮头[N]. 沈阳晚报，2014 - 7 - 30.

级的O2O平台应用，不仅可节约成本、提升效率，同时也大大优化了用户体验。

客户经理通过业务PAD现场录入客户信贷数据、资产情况、行业年限等，通过客户手持身份证拍照，以及上传照片里显示的GPS坐标等方式则防范了业务经理可能存在的操作风险。在资料齐全情况下，20分钟内就可完成报件。然后，在所有资料录入PAD系统后，提交至后台的审批中心。通过线上审批系统的预审批，约5分钟客户便可知道自己能否贷款、大概能贷多少钱。

与招商银行零售的小微业务一样，为了提高效率、降低成本，"云按揭"也采用了后台集中审批的方式。银行信贷业务的逐级审批和信贷权限设置，一定程度上是为了防范信贷风险，也就是通过逐级的审批和贷前、贷中、贷后的分离管理来实现信贷业务的优质和不良率的降低。

但是，在互联网金融用户体验的时代，通过数据化、集成化和平台化的风险控制手段，以大数据的模型来控制和强化风险管理能力已是大势所趋。招商银行已基于历史的信贷数据建立了国内银行业首个房贷评分卡。

事实上，"云按揭"就是一个零售业务向O2O转型的典型案例。前端通过PAD作为电子化入口收集信息，后端实现数据化和智能化的处理与反馈，而中间的业务流程被缩短，这也是未来零售业务的一种渠道和服务变革。

PAD作业平台上线后，保守估计招商银行客户经理平均每人每天至少可节约半小时。如果按全行3 000名零售信贷客户经理每人每年2 000个工时计算，相当于全年新增了190名客户经理的工作量，等于再造一个北京分行和上海分行的零售信贷业务量。

招商银行的O2O战略可概括为，左手是业务办理效率较高的线下网点，并通过"小、美、密"的总体布局将综合性、小微型和社区型的网点管理起来，全面提高线下渠道的业务触及度和覆盖率。右手则是电子化程度的提高和功能的完善，包括体验良好的线上业务渠道及网点自助服务渠道等，以及通过对线上用户的圈占和线下用户的引流来实现综合价值的开发。

具体来看，在线下端，招商银行试图通过创新的银行网点服务方式，如咖啡银行、社区银行等差异化的便捷的银行社区服务网点，来满足特定金融消费圈的特殊服务需求，维系好线下端的银行客户。

在线上端，从最开始的业务电子化（如网上银行、手机银行），再到与社交平台相结合的微信银行，近而到金融业务的互联网交易的深化，如招商银行"小企业e家"等，其目的都是为了在互联网化的客户群体中建立招商银行的线上入口。

波士顿咨询在《互联网金融格局2020》报告中提到，渠道是互联网时代对金融机构传统核心资产的重新审视，也是互联网企业线上线下整合的重要阵地，这一点对于拥有较多实体渠道资产的传统金融机构来说尤为重要。渠道的核心议题是多渠道整合，即客户能够自由选择在何时通过何种渠道获得怎样的金融产品和服务，其背后是机构的不同渠道在产品和服务、流程、技术上的无缝对接①。

案例三：建设银行转型互联网金融交出答卷

如果说2012年是银行加速电商化仍然在寻找方向，那么2013年则是传统银行在直接融资和小额贷款上突围战的关键年。2014年初，建行交出了首份答卷。

其对外公开的官方数据称，截至2013年底，上线18个月的善融商务平台交易额超过300亿元，其中B2C交易额超过10亿元。2013年善融商务逐步进入常态化运营，持续化营销阶段，依靠全国范围内的分行优势，开展特色的分行运营模式，取得了不错的效果。

建行做平台的逻辑和战术是重心放在B2B企业商城，把建行既有的公司金融业务从线下转化到线上，为买卖方提供支付结算、托管、担保到融资服务，赚贷款利息和手续费。

在相继推出针对企业客户的融资产品"联贷联保"和"速贷通"产品之后，建行将金融服务和产业链整合到线上，为企业提供贷款融资服务，安全自然不必说，而且，与第三方支付相比较，商业银行在资金停留期间利息照付。建行内部的文件指出，截至2013年9月底，善融商务投放贷款61.67亿元，其中公司业务部23.46亿元，小企业部3.2亿元，房金部7.7亿元，信用卡中心27.3亿元。共服务商户693户，个人客户36万户。

大体量业务很难线上化，建行将发力点选择了中小企业的B2B存量业务转化中，将原有建行体系中的中小企业支付结算、托管、担任、融资等通用交易转移到善融平台线上来实现。建行的"杀手锏"包括商家入驻善融，一律免除入驻费、利润分成、营销广告费、推销费等费用。此外，建行还提供面对面、在线的商户辅导服务，这对那些在电商平台上承受高昂运营费用和入户费的B端客户有极大

① 洪诺馨.招行"云按揭"：银行零售转型的O2O试验[N].第一财经日报，2014-11-25.

吸引力。据建行内部的资料称，依托分行多年的资源积累，企业客户和小微贷款客户日常有大量的数据，虽然之前没有积累，其相当一部分有意愿把自身和银行的金融服务在电子商务渠道上进行延展。

不论叫金融电商还是电商金融，资金流、信息流和物流的整合是大势所趋。如果说互联网公司是在互联网数据挖掘的基础上创造互联网金融产品，而传统银行则是通过网络交易渠道挖掘数据，开发金融产品和服务。传统金融的核心是留住商家，善融一年来的运营反复在内练3种能力：利用商家聚集拓展金融服务，通过和客户在支付结算和传统银行业务结算的信息对接，线上掌握客户信息，实现实时授信；另一方面通过电商将结算的链条截留在银行内，电商平台交易产生的结算链条留在建行内，电商交易平台产生的资金沉淀改善银行付债；而在C端，建行2亿个人客户，1亿网银用户，建行将龙卡商城并入善融商务，通过积分兑换善融商务电子券，这成为善融商务巨大的流量之源。当然，还有数据！

眼下热门的中投公司副总经理谢平的"颠覆论"曾经一语道破互联网金融的核心，"互联网金融是可以跟银行金融和资本市场融资并列的人类第三种金融模式。人类未来通过互联网走直接金融的模式，不需要资本市场，也不需要银行。互联网技术的发展，有可能做到这一点……"脱媒的最终形态无法预料，但在降低金融交易成本和改善客户体验上，建行已经在"商融"结合的互联网金融平台上做出尝试①。

案例四：平安银行供应链金融：互联网时代的颠覆性转型

供应链金融是当前商业银行转型的重点业务，在如何破解中小微企业融资难问题上被寄予厚望。平安银行在原深发展时期的2000年就已经开始了相关探索，并率先实现供应链金融的线上化。在互联网时代，传统银行业务不断受到冲击，或主动或被动地开始谋求与互联网技术的融合。平安银行供应链金融业务也在互联网时代率先开始了转型的探索。

"十倍增长"

长城汽车股份有限公司是我国民族汽车企业的代表之一，近年来发展迅速。自2008年开始，长城汽车与平安银行开展了"1+N"经销商授信业务。当时，长城汽车的合作经销商有20多户，年开票量只有近3亿元。

---

① 建设银行转型互联网金融交出首张答卷[EB/OL]. 灵狐科技，2014-1-23.

2009年起,长城汽车及经销商开始通过平安银行线上供应链金融系统进行业务管理,并实现了企业ERP(企业资源计划系统)与平安银行线上供应链金融系统对接,企业供应链管理功能与银行的金融功能达到了更高层次的流程衔接、业务协同;由此,银行将金融资本精确注入到实体经济的关键环节中,为长城经销商提供了便捷的在线融资、在线还款、在线库存管理等线上化服务。截至2013年末,双方供应链金融合作的经销商增长至170户,年开票量超过200亿元。

在线供应链技术通过全流程在线、信息实时查询等线上化手段,助力长城汽车经销商业务实现了快速增长。2013年,线上供应链金融系统成功处理了长城经销商的7 616笔出账申请及53 838笔赎货申请,经销商在平安银行的户均开票量增长了十倍。

值得关注的是,在核心企业快速发展的同时,链上中小企业在平安的业务量也呈现剧增态势,而这正是中小银行转型的战略重点。

因势"变形"

互联网时代,供应链金融又一次面临转型。目前,平安银行"橙e网"已经低调上线,披上互联网"外衣"的供应链金融变化非比寻常。不过从其内涵看,其承袭自供应链金融的核心依然清晰可见,只不过凭借最新的互联网理念,综合金融的外延被更深入地整合进来。另外,更重要的是,"橙e网"凭借互联网思维,有望变被动为主动。

"橙e网"最受业界关注的主要功能——电商平台"生意管家"可以对进销存、订单运单收单等进行管理;中小企业也可选择移动APP"橙e记"实时记录多个门店流水账、管理欠账,并能即时发起主动收款。此外,平安银行还在平台上向用户推荐供应链融资产品,或者根据用户个人需求提供在线投资理财及在线保险服务。

"生意管家"正是此次平安供应链金融新变化的核心,被业界称为免费ERP。该项目下有"订单管理"、"仓库管理"、"运输管理"、"收付款管理"及"老板驾驶舱",功能几乎覆盖了传统企业ERP,并且由平安银行免费提供。

同样是从汽车经销商角度看"橙e网"的创新,当经销商拥有了多家门店时,就需要购买价格不菲的ERP软件以实现科学管理,这对每一个中小企业都是不小的负担。现在,当平安银行提供免费的ERP之后,对中小企业的吸引力可以预见[①]。

三、互联网保险

回顾历史的轨迹,往往可以预见原来不可知的未来。2009 年初,某保险集团董事长询问内部“我们网上怎么没有卖保险”? 于是产品流程系统等很快就绪,但拖着没上线,原因是集团旗下寿险董事长担心冲击传统业务,没点头。此之前只有泰康在尝试坚持网销长期险,这一段历史时期可以概括为:大保险公司开荒,第三方平台浇水,电商平台助力,其中部分先行者坚持下来,灵活应变,已逐渐收益。2 年时间,行内基本确立了三种业态:官网直销 B2C、第三方平台分销 B2B2C、代理人上网 A2C,与代理人、银保、电销、经代等“传统”模式比肩而立。

1. 互联网保险这一时期的主要特征

1) 异彩纷呈

保险公司组建专门组织架构,从项目组到专业科室、独立部门,联合 IT 部门建平台上产品;或者联合淘宝等大平台,第三方专业(中民、慧择等)和兼业平台(携程、中航协、移动等)业务稳步增长;监管态度明确,越来越多的消费者接受在网上买保险。

2) 乱象横生

保险公司一窝蜂上网销,不乏动机不纯者:或因原模式滞涨的被迫选择,或好高骛远,或攀比心态,安心踏实求证、开放拥抱互联网的少之又少。

因此无规划、闭门造车者有之,图快上官网商城者有之,创新乏力,多个险企 IT 部门找供应商要 3 个月上一个商城网站,多为模仿、少见创新。

3) 暗流涌动

以三马众安为首,传言第二个互联网险企将落地深圳,国寿、太平洋、新华、太平、安邦、阳光、生命、前海等已开办或筹办独立电商公司,其他行业也纷纷试水借道电商涉足保险,如去哪儿、可可西、苏宁。

4) 产品单薄

“低价值、低黏度、标准化”的车险、旅游意外险、医疗险、理财险为主,少见长

---

① 薛亮. 平安银行供应链金融:互联网时代颠覆性转型[N]. 金融时报,2014-7-4.

期、高额保险，复杂保险虽有，但交易全程并非在线完成。主要原因是业界尚无统一认识、没有敢于突破性尝试，客观原因则是网络生态的基础配套措施尚不够完善。

网销产品单一化、创新不足，是制约保险电商爆发式增长的最大瓶颈之一。

5）机会诱人

2011～2013年保险试水真正触网，金融互联网概念风起云涌，大数据、云、SNS、移动、支付、微信等铺天盖地，而可穿戴和车载设备又催生了UBI的新机遇。

之前华泰、众安、泰康、人保等产品创新的尝试已初见端倪，高额、长期保险在线销售将是新机会[①]。

2. 互联网将如何改变保险行业

1）消费市场：需求多样化，消费个性和思想行为受到重视

互联网的信息对称功效，让消费者地位上升，服务要求越来越高，且保险消费意愿由隐形而显性，消费主动性、频次和金额提升，带来更广泛的保险产品创新空间："保险生活化"成为重要的创新方向，"服务即产品"从隐性理念上升为显性指标，消费者不再为买保险而买保险，保险随着互联网润物细无声渗入衣食住行娱购医甚至感情生活，从经济补偿升格为对冲负面体验的工具，由此将衍生出无数花样翻新的保险产品，或许很多保险产品看上去根本不像保险，更像是服务标准，比如大热的赏月险和大冷的太阳险等。

另外，互联网让保险经营企业有机会捕捉到梦寐以求的"售前"数据，在交易之前就能了解目标客户的个性和偏好，从而有针对性地制定更为个性化的服务和方案。

2）代理人：加剧优胜劣汰导致结构性变化

超过300万的庞大代理人，将是互联网带来唯一令人不安的变数。保险公司、代理公司管理缺位，让这个庞大的群体争议频频。无疑，作为成本最为昂贵的销售渠道，其阵地已被互联网蚕食，生存空间遭遇严峻挑战：代理人在价值链中的地位和话语权将弱化，以往与保险公司讨价还价的筹码，将因为信息技术的进步逐步丧失殆尽，比如"客户是谁的"、"我的工作是自己说了算还是被管着"，比如保险公司将通过网络提供售前增值服务以换取代理人对客户名单的控制

① 吴军．解决互联网保险现状、未来和投资机会[EB/OL]．虎嗅网，2014-1-14．

权，以及应用LBS技术管控代理人的展业轨迹。

专业技能和展业效能无法提升的代理人势必被淘汰，而先知先觉者主动求变，通过互联网来获得客户，或提升专业能力、服务水平，承揽更多品牌、更多品类的金融产品，还会有些代理人将不再独立销售，而是与互联网结合，成为销售链条中的部分环节，催生“O2O”模式，还会有些代理人将转向三、四线城市、乡村等互联网不发达的市场。

随着互联网和整个保险产业链发展迅猛完善，代理人规模会缩减、能力提升，在地域和消费者层次分布更为均衡，意味着R、V的提升，同时T和C降低，从而优化经营。

3）经代中介：大众市场集中度增加

数以万计客户黏度高的兼业经代，和以法人业务为主的专业经代，暂不会受制于互联网。但面向大众市场的经代中介市场份额太小，人才沉淀、资金实力不如其上游的保险公司，没有话语权，没有充裕的资源投入转型，加之历史包袱沉重、不愿看也看不懂互联网，在“金融脱媒”的大趋势下将被无情洗牌出局，唯一的优势是灵活。

而互联网则可以让“灵活”发挥到极致，保险电商将以分销为主，早期触网的中介电商平台因此而存活并有机会做大。未来此类专业垂直平台也不会太多，最多3～5家，看看谁会是“剩者为王”。

4）互联网电商：客大欺店或反客为主

“电商平台”拥有金融保险机构梦寐以求的巨大资源：海量的消费数据、关联的行为偏好和商品数据、支付交易入口和潜在的信用数据、庞大的关系链和话题积聚。

虽说转化率低、产品单薄这两个硬伤一直未能有效解决，但流量仍是吸引甚至要挟保险公司的法宝。携程、去哪儿、可可西携一众中小旅游垂直平台，依靠精准流量在航旅意险细分领域大展拳脚，甚至开始考虑专业的保险牌照。

保险所需信息量大、细致，数据含金量高，且因其“非标”而充满想象力，存在巨大的衍生金融和其他关联商品市场空间。所以保险虽只是金融的一部分，但电商平台却格外用心。

多品类、多品牌、多规格的金融和保险产品创新，是电商平台愿意看到的，也愿意为此做点事情。

5）保险公司：产品创新

越来越多的保险公司决策层逐步意识到：保险触网首先要产品创新，但模仿华泰退运险、众安众乐宝、人保手机险、泰康乐业保、安联赏月险等，等于永远跟着别人的节奏跳舞，远远不够。

产品创新首先需要人才和经营观念的变革。鉴于目前市场上没有保险互联网人才，一要打破僵死的薪酬框架，二要创造宽松的精神环境，三要改良原有的制度体系，否则即便招来了人也留不住，留得下也很难发挥工作能力和积极性。

产品创新不仅仅意味着保险产品形态和价格的变化，更需要洞察互联网全局的视野，以及精算思路、口径、风控理念的变化，挑战的是现有的产品研发以及配套业务运营体系，如快速响应要求原有一板一眼的研发流程、决策链条要缩短，这意味着权力的再分配，将极大挑战现有的管理体系和人性。

现有保险公司将会受“互联网思维”的影响，让自己变轻：从现在的 IT 和局部运营外包，逐步把销售运营、产品研发、客户服务等逐一外包，自己专注于最核心的品牌、产品和内控等，同时催生新的专业市场主体。

6）监管机构：基于数据高效、前瞻、主动监管

保监会将提升行业生产力水平是其首要 KPI，想方设法做大市场蛋糕比抓误导更重要。因此推进、扶持保险借力互联网的政策将会越来越开放，甚至会主动提供便利条件、鼓励跳出现有条条框框的创新。

同时创新与风险同在，因此如何让监管工作也能“高科技”，提升监管效率，甚至解决“后知后觉”这一长期痛处，互联网当仁不让成为首选的手段，近期紧锣密鼓的“中保信”将有望成为提升监管效率的良方。

随着保险公司交易自动化、运营大集中的趋势，行业中可望诞生真正的交易平台，运行的实时交易数据，再加上中保信平台上的结果数据，将更有利于全行业发展，进而实现“事中”的监控，让事后监管提升到“防患于未然”，甚至推出“保险指数”来预测市场发展、调度全局，监管更为科学、前瞻、全面，体现专业和智慧，发挥更大的作用。

7）新兴行业配套产业链百花齐放

保险生态圈本身尚不健全，缺失基础性商业元素、第三方中介弱小、缺乏行业价值共识、各自为政的 IT 行业标准、缺失信用和医疗等公共基础数据，社保与商业保险隔墙而立等等，原因或因为发展阶段不成熟，或者因为市场格局不够开放，也有商业基础薄弱的历史所致。

互联网“开放、平等、协作、分享”，加之市场的力量、监管的引导，以及资本的助推等生产关系要素，一方面将迅速打破垄断和藩篱，另一方面创造大量的新生

市场主体。而有可能搜集和评估消费者信用的平台，也将成为保险公司关注的焦点。社保、医疗、资产、信用等公共基础数据需要专业化运营，将带来商业投资机会。

同时，健全的生态环境还需要独立的、第三方的评级机构如 kaopubao. com，建立对保险企业、产品和服务进行评级的通用标准，逐步成为非官方的基本价值标尺、公信力和影响力；有能力汇聚、经营大量零散的长尾数据的第三方平台，将使用 BI 技术融合资信、医疗、社保，保险反向团购成为现实。①

3. 经典案例

案例一：苏宁云商保险代理牌照获批，互联网金融再下一城

苏宁云商于 2014 年 2 月 17 日晚间发布公告，公司保险代理牌照正式获批，成为中国商业零售领域第一家具有全国专业保险代理资质的公司。公司旗下苏宁保险销售有限公司将可经营业务为全国区域内(港、澳、台除外)的代理销售保险产品业务；代理收取保险费业务；代理相关保险业务的损失勘察和理赔业务以及中国保监会批准的其他业务。

公司表示，保险代理业务作为公司拓展全品类、布局全渠道、服务全客群的重要战略布局，在取得专业的保险代理牌照后，将成立专业的业务团队向消费者介绍、分析、挑选各种保险产品并提供相关理赔服务。同时，公司还可以充分发挥 O2O 融合优势，将电子商务便捷和实体店面的现场体验相结合，打造一个险种丰富、专业高效的保险超市，为客户提供一站式保险服务。

公告显示，苏宁保险销售有限公司由苏宁云商集团股份有限公司与第二大股东苏宁电器集团共同出资设立，注册资本 1.2 亿元，其中苏宁云商集团股份有限公司出资人民币 9 000 万元，占注册资本总额的 75%，苏宁电器集团出资人民币 3 000 万元，占注册资本总额的 25%。

据苏宁金融事业部副总经理林凯荣介绍，保险是公司进军互联网金融一个重要业务单元，也是拓展全品类、布局全渠道、服务全客群的重要战略，对于消费黏性提升、互联网金融布局具有重要意义。在获得全国专业保险代理牌照之后，公司就可以合规地向投保者介绍、分析、挑选各家保险公司的各种保险产品并提供相关理赔服务。

---

① 详解：互联网将如何改变保险业[EB/OL]. 虎嗅网，2014 - 1 - 14.

苏宁易购于2012年8月就上线了保险频道，联合中国平安、中国太平洋，泰康人寿等多家保险公司推出了目前市场上热销的车险、意外险、旅游险、健康险等保险产品，为苏宁正式进军保险领域积累了相应经验。

林凯荣表示，苏宁易购保险频道运营经验已较为丰富，这使得苏宁云商相较于传统保险代理企业拥有先天的互联网运营优势。此外，公司拥有20多年商业零售经验和近1 600家门店，在店面中引入保险产品和服务后可进一步发挥其O2O融合优势，将电子商务便捷和实体店面的现场体验相结合，打造一个险种丰富、专业高效的保险超市，可以为客户提供一站式保险服务①。

案例二：众安保险

云上的故事

首家互联网众安保险公司：三马联手合作并竞争。众安保险是首家互联网保险公司，也是第一家将全部业务系统搬上云计算平台的金融企业。众安保险在开业前仅花了5个月的时间就实现了两地三中心的容灾部署。作为马云、马化腾、马明哲共同创建的“三马”保险公司，众安保险是互联网金融大潮中的标志性企业，也是互联网保险业务创新的先锋。

在阿里云计算技术的支持下，众安能够得以用低成本高灵活性的计算能力支持互联网业务的拓展。众安将突破国内现有保险营销模式，不设分支机构、完全通过互联网进行销售和理赔，主攻责任险、保证险等两大类险种，实现业务的全面创新。阿里云帮助众安保险实现了“服务互联网”的创新型保险公司定位。其产品需求来自于互联网，保险流程通过互联网的技术手段来解决，创造了互联网金融全新的发展形态，势必引领未来互联网保险和金融行业的发展潮流。

阿里云提供的云计算产品帮助众安保险在很短的时间内实现了两地三中心的部署，并支撑了互联网海量业务的处理，充分体现了云计算相对于传统IT的优势。同时能够在全世界第一次以云计算的方式运行保险全业务系统。相信众安和阿里一起将会不断刷新云计算和互联网保险的历史！

部署架构解读

众安保险将全部核心业务系统上云，包括：渠道接入平台、保单处理系统、电子保单系统、财务系统、B2C系统、官方系统、清算结算系统、商业智能分析系统、

① 萧童. 苏宁云商保险代理牌照获批　互联网金融再下一城[EB/OL]. 中国证券网讯，2014-2-18.

OA系统、IT监控管理系统、IT运维服务系统等各种系统，并且还在不断地进行扩展。核心系统通过两地三中心的部署实现高可用性和容灾的管理。并通过生产环境、预生产/性能测试环境、UAT测试环境、开发和集成测试环境的部署实现全生命周期的开发和运行管理。清算结算系统及商业智能分析系统使用ODPS大数据处理平台实现，数据驱动业务，让众安真正进入DT时代。

整个架构实现了全面的安全防护和管理，通过全面的日志可以进行行为审计和追溯，通过系统的备份和容灾功能简化了数据备份和恢复的工作。通过云监控及各服务对应的管理控制台，实时地对云平台资源进行监控和管理。通过云计算的弹性部署能力实现对业务快速增长的支持。

业务价值

在阿里云计算技术的支持下，众安能够得以用低成本高灵活性的计算能力支持互联网业务的拓展。众安将突破国内现有保险营销模式，不设分支机构、完全通过互联网进行销售和理赔，主攻责任险、保证险等两大类险种，实现业务的全面创新。阿里云计帮助众安保险实现了“服务互联网”的创新型保险公司定位。其产品需求来自于互联网，保险流程通过互联网的技术手段来解决，创造了互联网金融全新的发展形态，势必引领未来互联网保险和金融行业的发展潮流。

案例三：从泰康模式看保险电商的突围之路

泰康人寿的保险电商模式是，借助交易频繁、高黏性、高流量的互联网平台来加大产品的销售力度，同时完善自身平台的交易结构，通过客户需求把握、产品搭配组合和自身网站交易流程的优化来提高用户体验。

从电商思维的发展潮流来看，保险行业是中国最开始进行互联网尝试的行业之一。从2000年左右开始，国内的主要保险公司，如泰康人寿就已经开始建立自己的网上保险销售渠道，保险电商的框架也基本成型。但当时保险电商的自身架构还不完整，缺乏便捷的支付渠道，线上的信息仍然需要线下的业务来辅助。

如今，互联网金融蓬勃发展，保险业能否再次抓住线上消费和移动支付的契机呢，又能否实现整个行业的突围，建立自身可以掌控的营销渠道呢。

泰康电商：“全流程、多平台、借流量”

保险业中，泰康人寿是最早接受互联网思维冲击的，早在10多年前就试图用互联网来改造自身的业务模式。2000年9月，泰康人寿开通“泰康在线”，启动网上投保服务，国内首现“网络保险”概念，这一理念迅速被其他保险公司复制。

随后，进入保险电商的后两个阶段，泰康人寿开始结合每个阶段的特点，进行更多的互联网化尝试。

2008年6月，泰康人寿电子商务进入新阶段，无论泰康在线平台、与国内其他大型公司的合作，还是不断丰富的产品体系，都在快速发展。

作为较早结合互联网支付的保险公司，泰康在保险电商的发展进入第二个阶段时，就开始在自身业务中整合入快捷的第三方支付，以完善交易流程，提供更好的用户体验。2009年，第三方支付平台快钱与泰康人寿达成全方位合作，为泰康提供全面的支付服务。用户可以通过快钱在泰康网站直接购买少儿、女性、医疗、养老、重大疾病、意外伤害险等各类险种。随后，泰康又不断扩大与其他第三方支付的合作，提供给用户更多便捷的支付接口。2009年4月，泰康在线与国内最大门户网站新浪实现合作，共同创建国内第一家金融保险超市；2009年7月，与国内最大的商旅电子商务公司携程网合作，进行航意险销售，以规范的管理和强大的技术为客户提供及时、便捷的服务；2009年11月，与国内最大C2C平台淘宝合作，通过网上旗舰店为广大网上消费客户提供专业的保险服务。

2010年，泰康在线的e爱家长期寿险、e顺短期意外险和e理财投资理财产品三大产品体系正式形成，囊括了投连险、万能险、意外险、旅游签证保险、健康医疗保险、少儿险、女性保险等众多细分险种。由于通过官网直接销售，省去中间代理环节，同时多种保险责任组合销售，因此在价格上十分优惠。最难能可贵的是，泰康还提供投保人按需DIY保障内容、保障额度等元素，实现“我的保险我做主”，为消费者提供更加人性化的产品和服务。而经过两轮改版的泰康在线，2010年的全年点击量同比增长40.3%，网站独立访客数同比增长60%。

现在，保险电商进入快速发展的第三阶段，泰康人寿在完善网上电商交易流程的同时，积极开辟了泰康APP、泰康微博以及淘宝理财频道、微信平台等多方位的产品营销渠道。

泰康的保险电商模式可以用这么几个关键词概括：“全流程、多平台、借流量”。传统保险业在发展过程中，由于自身平台的黏性不强，需要借助交易频繁、高黏性、高流量的互联网平台来加大产品的销售力度，这就是“多平台、借流量”。而“全流程”则是完善自身平台的交易结构，通过客户需求把握、产品搭配组合和自身网站交易流程的优化来提高用户体验[①]。

案例四:平安保险进军电子商务平台,抢占市场资源

近段时间很多保险公司都与电子商务平台合作,将自己的产品利用电子商务渠道进行销售,但是平安保险近日宣布,自己将进军电子商务领域,成立自己的电子商务平台。

进军电商,意在获取海量客户

中国平安进军电商的蓝图是,搭建一个二手房和二手车交易平台,模式类似于阿里巴巴;此外,搭建医网、药网、信息网"三网合一"的医药健康平台。以此涵盖到客户衣食住行方方面面的需求。

"进军电商"的论调一经抛出,现场部分投行人士不免质疑:定位于综合金融的中国平安,是否偏离了主业轨道?对此,中国平安常务副总经理顾敏解释说,"平安并不打算改行"。

顾敏道出了进军电商背后的野心。即利用车、房、医疗这三块领域,来获取海量优质客户资源。"中国平安涉足二手车、二手房、医疗健康并不仅仅着眼于这几个交易平台,而是想染指整个汽车、房屋、医疗的联盟消费生态圈"。

那么,电商平台如何对中国平安产生价值?秘诀在于,中国平安将通过这些电商业务,一手实现"海量获客、高频使用"的数据基础,另一手组织大数据挖掘,实现"客户迁徙",形成一个架构垂直、相对闭合的商业模式。"客户迁徙"战略正是中国平安掌门人马明哲根据当下形势提出的新布局。客户迁徙战略有两重意义:一是将 8 000 万保险(放心保)客户迁徙到银行、将银行客户迁徙到财富管理;二是将非金融客户迁徙到金融领域。

在"金爵奖"颁奖仪式现场,平安财富通电子商务事业部总经理徐汉华代表中国平安致辞,他表示作为综合金融战略的重要举措,平安一直致力于创建业内领先的、创新型的电子商务平台,这一平台将整合平安所有专业公司的网上服务和手机服务,为客户提供更便捷的服务,提供高效、低成本的产品和快速便捷的服务,大大提高客户对平安服务的满意度和忠诚度[②]。

---

① 陈凯.从泰康模式看保险电商的突围之路[J].经理人,2014(5).

② 平安保险进军电子商务平台 抢占市场资源[EB/OL].慧择网.

四、互联网证券

1. 互联网金融体系中影响证券业商业模式的几大动向

在行业创新的大背景下，互联网金融之风一时在证券行业如火如荼，许多券商和基金公司争先恐后地设立网上销售平台。诚然，证券销售渠道的电子化是互联网金融的重要表征，但网上证券销售作为一种表象，纵向看只是线下销售的线上平迁，横向看则只是传统电商的自然拓展。而互联网金融的本质则在于利用互联网的信息处理技术和社交互动性减少金融的交易成本、提高市场效率。这里指的交易成本不仅包括有形的中介费用，更包括无形的搜寻与匹配成本。就这两点两言，单纯的销售电子化还远远没有触到互联网金融的实质。

互联网金融未来的发展应该涵盖以下方面，或者说这几大动向将真正改变证券业的商业模式：

一是证券销售的电商化，这不仅是销售渠道在形式上的扩展，更是充分发挥互联网平台的优势，致力于解决证券公司产品创新能力与社会投融资需求不匹配的问题。

二是互联网融资，包括近年来兴起的“人人贷”和“众筹”模式。这两者是对企业融资和证券发行方式的创新，但在当前我国的法律框架内都面临着制度缺失、法律地位有待明确的问题，存在着极大的法律和金融风险。然而，证券公司和监管机构在发展互联网融资方面是大有可为并且应该当仁不让的。证券公司完全有条件也应当借鉴互联网融资的一些思路，发挥已有的品牌、服务能力、监管环境等多方面的优势，充分利用互联网平台挖掘小微企业的融资需求并匹配个人的投资需求。与此同时繁荣柜台市场，提升证券公司在整个金融体系中的地位。监管层则不应当因为互联网融资存在争议就断然否定与扼杀，而应该积极探讨其可行性和操作性，规范和引导行业健康发展，提升资本市场对创新型企业及企业起步阶段融资需求的服务水平。

三是互联网证券交易，这不仅仅是指一般狭义理解的网上股票交易经纪，即券商以互联网作为工具向客户提供经纪服务，更多是指不需要借助经纪商或做市商等中介机构，通过网络直接撮合证券交易，相当于虚拟的证券交易所。这也是当前我国的国情和监管体制所不允许的。但是从技术进步的外在推动和市场发展的内在需求上看，基于互联网，追求更高效率、更低成本的场外证券交易方式的兴起是必然趋势。面对未来券商乃至互联网公司可能的竞争，居安思危、未雨绸缪是交易所明智的选择。从市场长远发展角度看，监管机构应该鼓励证券交易方式的技术创新及交易市场的良性竞争，推动市场积极地降低交易成本、提升交易效率，同时还要加强对新的交易方式下违法违规行为的监管，防范新的技术手段引起的市场系统性风险。

2. 证券销售电商化对市场主体的影响

证券销售渠道的革新对于证券行业的发展至关重要。互联网金融模式的实质是改变了金融发挥功能的渠道。金融的核心功能是通过减少信息不对称实现资源的优化配置，而新兴有效的投融资渠道正是扮演了这种关键角色，为解决“融资难、投资难”提供了新的途径。从这个意义上来讲，销售渠道的电子化尽管只是第一步但也是非常重要的开端。同时销售电子化也促进了券商支付等基础功能的恢复。

长期以来，我国证券行业在产品销售过程中，由于客户数量及网点的先天不足，销售严重依赖于银行，其他销售渠道，包括第三方、券商和保险都很难撼动其地位。但网上销售则是其中最有希望改变甚至摧毁银行主导的销售模式。一方面，通过非现场开户，自建网上平台或嵌入电商平台，券商得以迅速切入电子商务。借助于电商的强大平台和庞大的客户群，券商在服务存量客户的同时还能开拓新客户。另一方面，除将经纪业务相关产品平移到电商平台上，券商还可以将柜台市场嫁接到互联网，产品线不但从初级的财富管理产品延伸到资管类产品，还将覆盖直投、并购、对冲等衍生品领域。这不仅能提升网上销售的客户体验，提高客户黏性，反过来也将极大地促进券商柜台市场的发展，进而产品与销售相互促进。自建销售渠道、自己掌握市场才能够真正把握定价权。

当然，短期内网上开户和销售电子化对券商经纪业务不可避免是个很大的冲击。券商的地域和物理网点优势不再明显，佣金率将进一步下降，以经纪为首的传统业务线面临重新洗牌。但长期来看，这对证券行业是一个极佳的转型机会。实力雄厚的大券商可以进一步拓展业务线，形成协同效应；规模偏小的券商则可以借机避开规模劣势，形成专业化、区域性定位，向特色和精品证券公司发展。

然而，销售平台上的线下向线上转移只是证券销售的电商化的第一步，更为关键的是依托于互联网平台的金融数据挖掘。强大的信息技术和海量的用户数据是互联网天然的优势。如若只注重于导入用户数据、建立客户关系而对背后的深层次信息弃若敝屣，则是暴殄天物、食而不得其味。金融数据挖掘是证券业拥抱大数据时代的必经之路。这里的挖掘又可分为两层。

第一层是“金融数据”+“挖掘”，这也是最常见的一种理解。也就是对金融数据进行统计分析和建模，改进原来的金融模型、方法乃至理论。例如，基于动态时间序列数据进行风险评估、信用评级、证券估值等。这些都是互联网金融优势的强力体现。然而若只停留在这个层面，则是对金融数据挖掘的一种片面理解。特别是对于非技术背景的金融业人士，这种片面解读不在少数。

第二层是“金融”+“数据挖掘”，是借用互联网领域的数据挖掘技术以及基于数据挖掘的业务模式应用于金融服务。第二层和第一层的区别在于，围绕的核心是人而不是数据。因为说到底，金融活动的根本还是人和人之间的关系。把握了用户，就不难把握住产品和服务。数据挖掘在网络购物中得到广泛应用，主要是对用户行为建模，根据其兴趣偏好细分客户群进而推荐相关产品。这种行为定向、精准营销的业务模式完全可以平推到金融业的产品销售中。特别是理财产品的自动推荐，在财富管理行业爆发之势喷薄而出的大背景下，无疑是极有力的竞争武器。当前在信息聚合和推送、用户互动方面已有人抢占先机，并积累了不错的口碑，如雪球网。但对于财富管理的智能挖掘和个性化服务似乎还是个蓝海。在这个值得探索的新领域中，或许券商与互联网公司合作的模式最为有利：券商主要提供专业产品和服务支持，互联网公司主要提供渠道和互联网技术支持，双方优势互补，主要业务可覆盖财富管理和资产管理产品和服务，但双方的合作绝不能仅停留在网店的表面层次。

3. 证券销售电商化对监管的影响

对于监管者而言，尽管证券销售电商化只是媒介和渠道上的革新，并不触及证券本身的发行，但仍然对监管工作提出了许多新挑战。这主要表现在市场准入、投资者适当性、信息披露和反欺诈等几方面。目前证监会对于基金销售机构通过第三方电子商务平台开展基金销售业务已经制定了相应的监管要求，规定了第三方电子商务平台的资质条件，明确了第三方电子商务平台的业务边界，既支持和鼓励证券投资基金进一步拓宽基金销售渠道，又强调保障基金销售机构在第三方电子商务平台上的基金销售活动安全有序开展，切实维护基金投资人的合法权益。这是对证券电商销售主体从市场准入角度的监管。

在产品层面，由于电商平台可以与券商柜台市场对接，而当前券商柜台业务范围主要限定在私募市场，柜台产品不允许公开发行和转让，这就对投资者适当性和信息披露的监管提出了要求。券商在通过电商平台开展财富管理和资产管理等业务时，应当严格遵守相关的合规规定，切实落实投资人适当性制度，区分公募产品和私募产品，防止风险外溢。

另外，互联网金融背景下构建金融综合超市的提法也屡屡有所耳闻。券商在谋求向这个方面发展时务必要慎思而后行，切忌一哄而上、盲目求全求大。这既不符合差异化的战略定位，难以在券商的强项业务上精准发力，也有越轨将柜台市场、电商平台办成类交易所的风险。

在信息披露方面，互联网平台为信息披露提供了新的方式，极大地改善了信息披露的标准化、效率和透明度。但是对于信息披露的真实性、完整性、准确性和公平性等方面仍然要高度重视，谨防证券发行和销售方误导投资者甚至利用网络技术传送内幕信息。此外，由于网络信息传送的易篡改性和匿名性，通过网络进行的信息披露可能会扩大证券欺诈的可能性。

这些都是监管机构应当密切关注的新问题，证券监管体系应当在理念、原则、方式和机构等方面对技术的发展做出回应和创新，确保新的环境下保持证券市场行为的合法性，维护公开公平公正的市场秩序。

在互联网化方面，券商似乎更喜欢拿现成的。他们习惯于同互联网公司合作，而不是另搞一套。

以国金证券为例，国金证券联姻腾讯推出的“佣金宝”正式上线，国金证券利用腾讯的技术为佣金宝打造了三大功能，即“万二点五佣金”、“保证金理财”、“高品质咨询”，既能满足客户的交易需要，还能满足客户理财与咨询需求。

万分之二的佣金率敲开了证券业大门，万分之二远低于行业平均万分之八的佣金率。

市场人士认为，券商在交易过程中，要向交易所交纳一定比例的提成费用，俗称规费，规费一般在万分之一点五至万分之一点八之间，再加上营业部需要缴纳的营业税，券商的成本基本上是万分之二，因此万分之二的佣金几乎可以视作“零佣金”。

“此举为其他深度业务的开展提供了突破契机。”券商与互联网公司合作，在留住客户的同时，有望为未来券商资产管理业务深入发展提供机会。

从用户体验方面来看，佣金宝不仅佣金率很低，而且还提供闲置资金理财，收益率也挺高。此外，佣金宝也在不断创新升级。

东吴证券于 7 月 9 日与浙江核新同花顺网络信息股份有限公司签署了《战

略合作协议书》，双方拟在互联网金融领域开展合作，双方承诺将充分利用各自的资源优势和专业优势，建立全面战略合作关系，为双方业务发展提供支持。股市在第一时间以两只股票的大涨肯定了他们的这次合作结果。此次双方合作范围包括互联网渠道、大数据服务及互联网信用平台等三部分。其中，互联网渠道方面，双方将在各自移动互联网平台和互联网平台，共同打造网上金融超市，并实现各类金融产品的在线销售，同时，将利用各自资源，打造社区投资平台；而在大数据服务方面，双方将就综合互联网金融服务的平台建设、内容推广及功能推送等数据信息服务展开深度合作；互联网信用平台方面，双方将经对互联网客户进行快速融资融券的对接，对于中小企业的融资，广泛利用互联网平台，形成中小企业融资人与互联网投资者的有效纽带。

东吴证券推出了公司的互联网发展战略，通过开展战略合作、组建专业技术团队、实施并购重组等多种方式，用全新的理念、全新的技术、全新的制度，打造多层次、立体交叉的互联网运营模式[①]。

4. 经典案例

案例一：财通证券：业务场景定制才是券商触网方向

浙江是金融大省，作为浙江省两大本土券商之一的财通证券积极参与互联网金融创新。财通基金的财通分级债，2014 年初登陆淘宝聚划算频道，不到 3 天销量就突破亿元，共吸引 10 多万淘宝用户抢购。7 月 17 日财通分级债再次登陆“淘宝招财宝”平台，当天申购金额便超过 7 000 万元，提前结束开放申购。

券商必须接受改变

券商之间的互联网金融低佣战，在整个证券业佣金收入大幅降低的形势下，将给整个行业带来剧变。目前，多数券商还没有形成差异化的竞争优势，在这一形势下券商需要的是谋定思变。从欧、美、日多家券商的经历来看，经纪业务转型的阵痛不可避免。

无论互联网金融还是金融互联网都是大势所趋。国内各传统行业近来都在互联网的冲击下逐渐改变，证券行业也不例外。“财通证券必须学会改变，变则通，通则久。”财通证券电子商务部负责人何燕认为。

财通证券在 2013 年重新组建电子商务团队，布局互联网金融，2014 年 7 月

① 胡吉祥. 互联网金融对证券业的影响[J]. 中国金融，2013(16).

份完成互联网金融试点资格创新评价工作，正不断改善互联网金融用户体验。

金融超市已是旧式思维

目前，国内券商触网多是“超市模式”，将炒股软件、资讯服务、代销产品等“堆”在官方网站上，名称也大同小异，诸如“金融超市”或者“产品超市”抑或“理财超市”。

“金融超市对证券行业来说仅仅是一个展示产品的平台，还不能算一种业务模式，因为它不能形成一个业务的闭环。”传统券商金融产品交易通过购买的交易软件实现，而交易软件缺少购买前期的服务和互动环节，金融理财超市实质上只是服务缺失的弥补项之一。

当前，券商触网的深度还远远跟不上互联网金融发展形势。“原因有四：一是券商个体的产品数量有限，二是还没有真正服务客户的产品研发，三是券商缺少点互联网基因，四是监管原因。”何燕认为。

券商进军互联网呈现两种模式，一种是自建互联网金融平台，另一种是牵手知名网站或金融软件，两种合作方式孰优孰劣颇有争议。财通证券曾先后与淘宝网、同花顺展开合作，在引流、海外市场、项目合作、高净值客户服务等方面均有重大举措。从这些动作来看，财通证券合作模式似乎集中在后者。

借助第三方平台的优势是可以实现流量引入，但是自有平台更利于整合自己的服务资源和业务体系，同时有更多试错机会，可以低成本地推陈出新，可以不断进行差异化区分以及用户体验的人性化改进。知名平台有流量大、金融数据处理能力强大等优势，但每家互联网企业都不愿意与券商个体签订排他性合作协议。而真正的对等合作是双方在合作前期和中后期都理念相容、步调一致，这样才能较好地实现优势互补、合作共赢。目前券商和互联网企业的合作深度并不理想，大多数只是停留在开户或者代销产品。互联网和券商合作仍处于摸索期①。

案例二：大智慧收购湘财证券，诞生真正互联网券商

2014 年 1 月 24 日才挂牌新三板的湘财证券，将被上市公司大智慧“收编”。“这或许是券商触网达到最高潮的标志性事件”，华南地区一家券商非银研究员表示，相比其他券商与互联网的业务层面合作，大智慧收购湘财证券，融合深度

---

① 田运昌. 业务场景定制才是券商触网方向[N]. 证券日报，2014-7-30.

前所未有。

互联网证券之风，正在快速改变着整个证券行业。

大智慧表示，公司处于互联网金融信息服务行业，为形成与证券公司的深度战略合作，整合资源、发挥协同效应，寻求适应目前互联网金融高速发展的盈利模式，寻找新的盈利增长点，公司收购湘财证券股权。大智慧与湘财证券重组，是继上海证券被国泰君安收编、申万合并宏源证券、中纺投资重组安信证券之后，券商行业的又一起并购重组案例。同时，大智慧也是在中国证监会有意向放开券商牌照后，首家以互联网金融企业身份进军券商的上市公司。

武汉科技大学金融证券研究所所长董登新称，大智慧到新三板并购湘财证券，应该是一个双赢的并购行为，符合证监会关于鼓励上市公司可以进入新三板来进行并购的相关精神。大智慧通过并购湘财证券，将会为大智慧拓展一个很重要的业务或者是牌照。对于湘财证券而言，目前国内券商都在做规模上的一种整合，同时也在做品牌上的一种并购，如果单打独斗，可能自身优势不大，在互联网金融大潮之下，相信会有更多行业整合案例出现。

此外，2014 年 2 月，国金证券以每年 1 800 万元，取得与腾讯的合作，树立券商网上开户以及保证金理财服务的典范。佣金费率的降低，使得大小券商人人自危，担心经纪业务收入下滑。

其后，多家券商与腾讯自选股合作，中山证券、国联证券也在佣金上大做文章，不少券商更是推出了超级账户和网上金融商城。一时间，券商纷纷触网，万分之二点五的佣金标准被投资者所熟知。

梳理券商和互联网企业的合作可以发现，除了与腾讯合作之外，已有华泰联合证券与网易为期 3 年的战略合作，还有东吴证券和同花顺在互联网金融领域签署的 3 年战略合作协议。

毫无疑问，券商和互联网公司的合作，是看中了互联网的流量优势，但如何把流量转换为客户，则是一个实实在在的课题。以目前形势来看，大智慧收购湘财之后，互联网和证券的结合度将会进一步加强，如何发挥双方的优势，实现“1+1>2”，值得期待[①]。

---

① 大智慧收购湘财证券，诞生真正互联网券商[EB/OL]. 和讯网，http://www. baidu. com/link? url=16ffbM3cyhh0FXekNhBM4JhMHPYQMZLk3，2014 - 8 - 12.

案例三：海通证券与东方网携手打造互联网金融O2O模式

2014年7月16日，海通证券股份有限公司（以下简称“海通证券”）与上海东方网股份有限公司（以下简称“东方网”）签署战略合作协议，在互联网金融领域，充分挖掘和利用双方在各自领域的优势资源和专业能力，围绕线上互联网金融领域和线下智慧社区和智能终端领域，开展全面战略合作，共同打造互联网金融的新模式。

发展“四新”（新技术、新模式、新业态、新产业）经济是上海市委、市政府的重要战略部署，也是上海产业结构转型升级的必由之路。此次东方网与海通证券的合作，政府引导、企业投入、市场运作，结合居民理财市场需求，顺应互联网金融发展趋势，大力开拓非标资产证券化业务，跨界融合，共同建设线上线下相结合的开放式互联网金融平台，打造互联网金融新业态，是此次双方合作的一大亮点，也适应了整个互联网金融发展的潮流。

此次，海通证券提供资本市场的人才和经验，尤其是在金融产品评价和金融功能的团队，与东方网运营相结合，构建全新的互联网金融产品销售平台，将纷繁复杂的各类金融产品提供给广大投资者，提升客户体验，降低投资者风险。同时，依托东方网的线下网络，解决金融智慧城市理财“最后一公里”的问题，进行普惠性服务，逐步将理财社区建设成为理财培训和理财教育基地，普及金融知识和职能，使互联网金融服务在虚拟网络里能够得到进一步的延伸。

东方网则将充分发挥媒体宣传优势和线上线下导流优势，整合东方网旗下网站、网报等系列媒体资源和传播资源、线下网点和终端资源、新媒体平台资源等，通过立体化运营模式充分为合资公司的互联网金融平台导入流量和客户，搭建一个具有黏性的线上互联网金融平台。

双方将通过产品创设和金融平台搭建，并通过发行、交易、登记、结算、托管等一体化的服务，打造具有特色的互联网金融交易平台。通过此次合作，提供更多更好的互联网金融产品，不断丰富广大网友的日常生活。

五、互联网基金

2014年，注定是写在基金行业的发展史上浓墨重彩的一笔，在这一年中，政策改革成效显著，行业创新收获硕果，行业规模快速提升，对基金行业与市场带来了巨大震动。

1. 资管混业,基金子公司突围

从2012年以来,监管部门对资产管理领域的监管政策开始变革,2013年,资管混业已经是初显端倪。从整体上看,政策上放松对财富管理领域的监管力度,降低业务准入门槛,使得资管平台进入公平竞争局面。一方面,一直处于严格监管的券商、保险也可发行公募基金产品,基金行业必然出让原有制度红利;另一方面,基金管理公司成立子公司,从银行、信托业务中分的一杯羹,却又是基金行业面对改革的不小收获。

原来的牌照垄断价值瞬间消失,对基金行业的影响主要体现在两点:首先,引入更多强有力的竞争对手来抢占公募基金业务份额,引入外部竞争;其次,整个资管行业原有的分工结构被打破,银行、保险等业务型机构不再需要通过基金来间接实现投资,可以直接开展投资和资产管理业务。对于这业务型机构来说几乎没有专业壁垒,只是多了一个业务增长点,但是对于基金行业来说,建立在原来分工结构之上的制度红利丧失,市场需求萎靡不振,市场份额备受压力。

2013年8月,上海东方资管成为首家获准发行公募基金的资管机构;同时,保险机构开展公募业务也在11月起航,并实行《保险机构投资设立基金管理公司试点办法》,国寿安保基金公司正式挂牌成立,成为首家保险系基金公司。

与此同时,基金子公司迅速成为融资方和其他金融机构的"新宠"。目前,"几乎什么都能做"的基金子公司业务类型主要涉及与银行合作的通道业务、与信托领域合作的房地产融资等业务、与上市公司合作的股权质押融资及定增等业务。自证监会放开基金子公司业务以来,基金子公司规模迅速增长,规模已达5 000亿元量级。

2. 余额理财,激发互联网金融热潮

2013年6月17日,支付宝和天弘基金联合推出的国内首只互联网基金——天弘增利宝正式上线,短短数日时间内便累积了百万级的客户。支付宝与天弘基金的跨界合作成为基金业新的里程碑,天弘增利宝随后的强劲势头更是为人所侧目。11月16日,天弘基金宣布,成立刚满5个月的天弘增利宝货币基金规模突破1 000亿元,开户数超过2 900万户,成为国内首只规模突破千亿级别的基金。年末"余额宝"规模收于1 853亿,创下基金行业的奇迹,天弘基金也从一个百亿级的小型基金公司一跃成为行业内规模最大的基金公司之一。

天弘基金与支付宝的合作不仅仅是创造了一只千亿级别的基金,更是打开了互联网金融的大门。“余额宝”之后，百度与华夏、嘉实合作两次推出百发，腾讯与多家基金公司一同筹备发力微信移动端，形成了互联网金融 BAT 格局，同时也有一大批基金公司在 2013 年的下半年推出了互联网金融产品；互联网金融对传统金融行业的冲击也不言而喻。为应对互联网金融的冲击，招行尝试性地推出了 P2P 理财产品，银联旗下的银联商务也在同月推出了类似余额宝的现金理财。

互联网金融的火爆虽然出乎大部分人的意料，但其实是非常合理的，也是一种趋势上的必然。开放和融合奠定了互联网的基业长青，互联网与基金行业的融合也必然会为基金行业带来新的发展机遇，促进整个行业的茁壮成长。

从市场创新来看，基金行业在互联网金融创新业务仍有可为空间。基金公司与互联网合作互联网金融产品凭借极低的边际成本和交易成本，收获了小微客户产生的规模效应，甚至创造了奇迹。互联网金融的发展中基金公司和互联网企业的不同特点，有了有机结合，其前景大有可为，相信 2015 年还会继续拓展合作和创新。一方面，互联网金融释放的创新红利将继续惠及基金行业，“长尾效应”尚未结束；另一方面，基金公司与互联网的合作无论从业务模式、合作方式、盈利模式上都还有深化与探索的空间；再一方面，“长尾理论”与“互联网思维”将更加深入人心，不仅实现常态化还会激发新一轮的创新。①

3. 经典案例

案例一：天弘基金：金融业的创新与变革

紧抓互联网脉搏，打造基金理财神器

在互联网时代，中国经济的转型升级面临新机遇，天弘基金力争把握这一发展契机，将基金的传统业务和互联网精神相结合，让基金业在互联网时代实现突围。为此，天弘基金的经营理念也变得更互联网化、更“接地气”。

这种深刻变化源于天弘人对互联网精神的深入理解。天弘基金总经理郭树强表示，“全民参与和全民智慧是互联网时代最大的商业精髓。”

天弘基金副总经理周晓明也曾表示，“互联网思维是天弘基金的核心竞争力之一，未来我们会基于自己的业务，最大限度服务于客户的需求，围绕客户需求

① 互联网金融热潮下，基金市场将何去何从？[EB/OL]. 虎嗅网，http://www.baidu.com/link?url=lU__oSg3rqXLDDLYPpsywIPm14XCUf1，2014-2-19.

去'制造'、'采购'和'组织'产品和服务。"

天弘基金的一线普通员工,也已经切切实实体会到了互联网时代下,天弘基金乃至行业的变化。天弘基金金融同业部总经理石伟分析,中国的金融市场正在面临急剧的变化,大资管时代即将来临。在当前利率市场化的大变革中,借助互联网的巨大能量,基金业将迎来跨越式的大发展。

天弘基金财富客户部宝粉网产品经理庞文娟表示,天弘基金把互联网的热情、活力和思维带到了基金公司,天弘基金正是金融思维和互联网思维的有机结合,形成了自己既严谨又勇于创新的风格。

在互联网技术的带动下、互联网精神的影响下,资产管理行业迎来新的机遇期,天弘基金及时把握住这一契机,率先实现互联网与金融跨界融合,与支付宝联合推出国内首只互联网基金"余额宝"。2013 年 6 月 13 日,"余额宝"正式上线,很快便产生爆发式增长,7 个月时间规模达到 2 500 亿元,截至 2014 年 9 月 30 日,规模达 5 349 亿元,成为稳居国内最大、全球第四大的货币基金。

"余额宝"作为互联网金融的开拓者,为全面深化发展互联网金融奠定了基础。闲钱可理财、1 元起购、收益每日可见、可直接支付,流程极其简便……余额宝一上线就获得了客户的广泛好评,被用户亲切誉为"网购理财神器",上线 6 天用户数即突破 100 万户,18 天突破 250 万户,截至 2014 年 9 月 30 日,余额宝的客户数已经达到 1.49 亿人,每 9 个中国人中就有 1 个是余额宝用户。

通过"余额宝"引发的互联网金融浪潮,广大投资者也在很短的时间内,就熟悉了"余额宝"、了解到货币基金的属性,完成了一场空前的货币基金的投资者教育。正是与互联网的这种深度结合,使得天弘基金在现有的、以"余额宝"为业务主体的基础上,向一个全功能的、客户导向的新型理财机构发展。

"做余额宝,我们最大的体会就是做业务一定要从用户角度出发。只有真正做到了从用户角度出发,才能获得用户的信赖。"天弘基金互联网金融业务部副总经理张牡霞表示。

为了余额宝实现更丰富的功能,在一次次与支付宝的沟通中,天弘基金互联网金融业务部的拓展经理杨庆也领悟到天弘基金逆袭、成为互联网金融排头兵的这一秘诀,就是金融吸取了互联网一个最重要的精神——一切为了用户体验。

"未来的路还有很长,如何让用户继续喜欢我们的产品,如何才能继续'屌丝逆袭'的奇迹,我们要做的还有很多。"张牡霞说。

余额宝的便捷流畅,让用户对后台技术的复杂程度"无感"。天弘基金创新支持部总经理樊振华对此表示,“冰山在水面上的壮美,需要冰山下面庞大的数倍基础来支持。简单极致的用户体验,恰恰是我们的追求,殚精竭虑但求简单呈现。”

从余额宝成功地把基金搭载到互联网平台上,把理财服务与生活需求紧密地自然结合;到余额宝上线后,余额宝用户专属的活动相继推出——永不停彩、0元购机、余额宝购车……这些正是天弘基金在互联网思维主导下让“基金走进生活”的生动体现。

专业化团队,为稳健理财保驾护航

余额宝的巨大成功引发业内对理财风险的担虑,为了做到稳健理财,天弘基金打造专业化团队,在行业率先实现绝对收益考核,为亿万客户稳健理财保驾护航。

为了保证稳健理财和风险防控,天弘基金在投资研究团队专门设立基于基本面分析的风险研究员,这在业内是开创之举。传统的风险控制主要对投资组合进行量化分析,但是从根本上看只是事后分析,起不到风控作用,天弘基金认为,真正的风控,必须基于深入的基本面研究。

作为余额宝基金经理的王登峰对天弘基金的投资理念深有体会,“大家今天看到了天弘的成功、余额宝的成功,看到了天弘做过的事,其实天弘没做的事一样重要。有所为、有所不为是天弘成功的重要因素。天弘第一不搞相对收益排名,追求绝对收益,赚能赚的钱,不让老百姓亏钱;第二不拼规模,严格控制风险,保持稳健。”

天弘基金债券交易主管罗秀丽也表示,“我在交易部最值得骄傲的是,到现在我们余额宝和其他固定收益产品能一直坚持自身的理念,做到真正稳健理财。我们宁可顶着别人抱怨余额宝收益不如别人高的压力,还是坚持在交易当中严格控制信用风险,只买评级特别高即使收益率不是那么高的债券。”

事实上,不管是发起式基金、养老基金再到增利宝货币基金,天弘基金都有一个很明确的特点:一是立足客户需求,满足用户真实需要;二是以低风险、追求绝对收益的创新为主。

余额宝后续的爆炸式发展,产生了海量数据。2014 年 7 月,天弘基金正式成立大数据中心。天弘基金大数据中心主管周卫国表示,现在天弘基金大数据中心拥有百亿级以上的数据处理能力,分分钟计算海量数据,用科学而复杂的数据模型,描绘出了余额宝用户最感性而真实的用户肖像和用户习惯,为业务决策提供依据，为基金经理投资研究提供数据支持，更加敏锐地捕捉服务客户的需求。

集强大先进的云计算技术、亿级用户、互联网精神等优势于一身的天弘基金，不仅将以互联网精神、专业化态度引领行业实现跨越式发展，还将以创新的姿态为亿万用户不断带来金融创新的春天。

案例二：汇添富电商牵手5大平台，互联网金融价值凸显

2014年4月22日，新浪“微财富”平台正式上线，首期将携手汇添富基金，主推一款名为“存钱罐”的账户余额增值产品。汇添富成为与新浪合作的首家公司，现金宝也是目前在新浪平台上线的唯一一只产品。

随着新浪的加入，作为业界最早一批耕耘基金电商市场的汇添富基金，外部合作布局已经日趋完善。

2013年12月，汇添富携手网易理财推出了“现金宝”，上线之际便受到网友热捧。与网易理财的合作打响了汇添富对外合作的发令枪，之后的外部合作便开始密集与各个领域的用户见面。2014年1月15日，对接汇添富现金宝的苏宁零钱宝上线；2月28日，民生直销银行上线；3月25日，汇添富全额宝登录微信理财通；4月22日，汇添富又独家登录新浪微财富平台。

不难看出，从2013年12月以来，汇添富已经连续5个月每个月都有外部合作平台上线。

从领域上看，五家合作伙伴覆盖了门户、游戏、电商平台、直销银行和移动互联网等不同的领域，用户在进行看新闻、玩游戏、购物、使用银行、社交等各方面的网络活动时，都可能处在汇添富基金的应用场景中。

除了合作伙伴类型丰富外，汇添富与合作伙伴的紧密度也值得一提，上述5家合作伙伴中，除了微信理财通上线了4家基金公司外，苏宁和民生银行都只选择了两家基金公司，网易和新浪在基金公司的合作伙伴更是仅有汇添富一家。

5年前，汇添富首次推出现金宝平台时，市场对于互联金融的概念还处于萌芽状态。直到2013年，互联网金融才显现出巨大的爆发力。互联网金融因其普惠意义获得投资者普遍认可，互联网巨头以及众多第三方理财机构加入战局，也导致多年未变的基金行业格局迅速洗牌。

在大变局中，汇添富旗下的现金宝、全额宝两只产品迅速成为明星基金，前

者的规模稳定增长，后者则曾创出30小时首募5.8亿元的业绩。汇添富的现金宝和全额宝的总规模超过350亿元。在汇添富股票基金业绩突出，互联网金融合作不断的情况下，汇添富基金的最新公募资产管理规模突破千亿元大关，一跃成为上海最大的基金公司。

第三篇

互联网金融趋势概述

互联网金融从 2012 年下半年开始兴起，到 2013 年下半年全面进入民众视线。从金融业发展方向来看，互联网金融是移动大数据时代下金融业发展的必然趋势。当今社会信息化高度发展，移动网络技术打破了以往条块分割、单一管理的市场格局，突破了以行业、地域和部门各自为主的发展模式，而是在移动网络技术的支持下，通过资源整合、聚集技术，强强联合而开展了大规模的跨界行动，形成了集团化模块式发展。在此背景下，作为国民经济命脉的金融业也必须借助移动互联网技术实现平台流量、客户数据整合、资源共享，从而推动业务发展，更好地提供金融服务。与此同时，互联网企业经历了大洗牌而形成了以腾讯、百度和阿里巴巴三家公司为主要代表，分别通过电商领域和社交平台领域和搜索领域形成自己的稳定客户群和数据流，并在此基础上以小额信贷和互联网理财产品为基础进军金融业，形成了移动互联网和金融业的融合，率先实现了金融服务的无缝接入和全民服务。无论是在金融服务深化方向还是技术发展方向上，这种发展方式都是不可逆的①。

① 投中：2014 年互联网金融模式现状专题研究[EB/OL]. 新浪财经，http://finance.sina.com.cn/money/fund/20140523/173019209520.shtml，2014-5-23.

第十章

互联网金融发展趋势及前景

一、行业发展环境得到持续的改进

1. 光纤总里程和互联网宽带接入数持续增长

2009～2014年，我国各种光纤线路总长度呈现出稳步递增的趋势。2009年，光纤线路总长度达到了829万公里，截至2014年6月末，达到了1 884万公里，光纤长度的年均增长率达到了20%以上。光纤里程的不断增长，带来了上网速度的不断提升。互联网宽带接入数也随之不断地提高，截至2014年6月底，达到了1.98亿户，年均增长率达到了16%以上（见图10-1）。

图10-1　2009～2014年我国各种光纤线路总里程及互联网接入数变化趋势图（单位：万公里，万户）

2. 我国互联网普及率达到了46.9%

2010～2014年，我国互联网网民规模及互联网普及率持续的攀升。截至2014年6月末，我国网民规模及互联网普及率分别为6.32亿人和46.9%（见图10－2），意味着我国平均每两个人当中就有一个人是互联网网民了。截至2014年6月末，手机网民规模达到了5.27亿人，使用手机的网民中数量在总的网民数中占的比重进一步提高到83.4%，较2013年末提高2.4个百分点，移动互联网成为趋势。网民成为了一大消费群，2014年上半年网络购物规模超过了6 000亿元，预计2014年将达到了1.3万元。互联网正以其便利性、信息内容的丰富性改变这人们生活的方方面面。

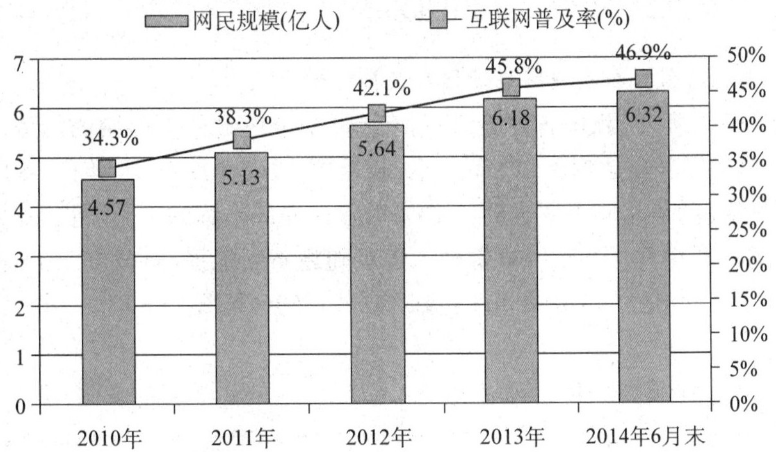

图10－2　2010～2014年我国网民规模及互联网普及率变化趋势图(单位:万公里,万户)

二、互联网金融行业以其三大特性得到迅速的发展

互联联网金融行业由于以下三个特点得到了迅速的发展：

（1）便捷性。金融的作用就是提供资金的供给者与需求者进行交易的平台，互联网金融打通了资金供求双方的通道，在大大降低了融资成本的同时增强了融资的便捷性，从资金供给的一方来看，获得了更高的收益回报率，也就是说转让资金的使用权的价格更高了。

（2）参与的门槛较低。互联网理财产品参与的门槛较低，产品的流动性较强。比如余额宝,用户可以随时将个人账户的存款余额转入余额宝,余额宝按天计算利息,客户在需要将资金转回时,可以随时转入绑定的银行账号。较低的门槛、较高的流动性再加上高于银行的收益回报率,使得大量的散户参与进来。

(3) 购买渠道方便。用户只需通过网络和第三方支付平台便能轻松的购买。而互联网金融理财产品的供应商也是依靠用户的规模大、使用频率高取得规模优势。截至 2014 年 6 月末,我国互联网理财产品用户达到了 6 383 万,使用率为 10.1%。

在互联网金融行业五大细分行业中,互联网基金市场和互联网信贷市场的发展最为迅速,互联网银行、保险和证券市场由于其自身发展的特性,目前发展尚处在初级阶段。前瞻产业研究院发布的《2014～2018 年中国互联网金融行业市场前瞻与投资战略规划分析报告》显示,在互联网基金市场,2013 年规模已经超过万亿元,从 2007 年到 2012 年,网络借贷经历了井喷式的发展,行业交易规模从 2007 年的 0.2 亿元增长到 2012 年的 228.6 亿元,2013 年行业交易规模达到 897.1 亿元左右(见图 10－3)。

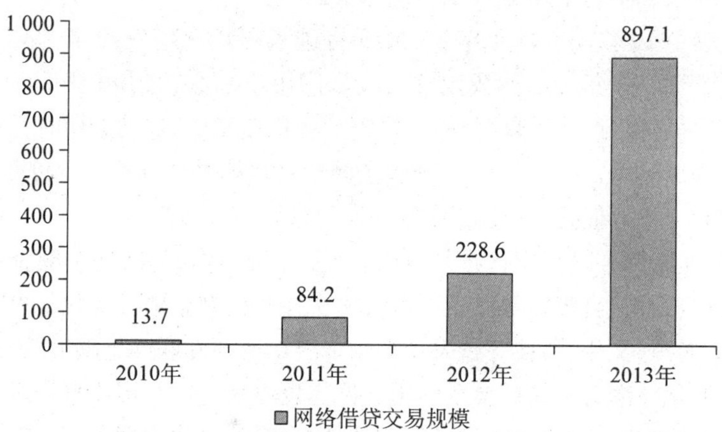

图 10－3 2010～2013 年国内网络借贷交易规模变化情况(单位:亿元)

三、新常态之下互联网金融巨大空间

2015 年经济新常态与深化金融改革,将带来新的经济结构、新的发展方式、新的金融创新、新的商业模式,这将给互联网金融带来巨大的发展空间。

互联网金融的发展与火爆是从普惠金融开始的，是从为普通大众、小微企业提供更好的金融创新服务开始的。从 2013 年 11 月 12 日十八届三中全会正式提出“普惠金融战略”，互联网金融的普惠金融发展路线已经明确，互联网金融的发展迎来历史机遇。

传统经济结构调整、产业转型升级，为互联网金融带来新机遇；移动互联网、O2O 电子商务的高速发展为网络支付带来新市场；大众财富的不断增长和金融需求的日益多元化，将给互联网理财带来新契机；小微企业融资及三农金融服务的政策推动，将为网贷的健康发展带来新途径；大众创业、万众创新将为众筹引爆一场商业模式的革命。

四、互联网金融“四化”趋势更加深入

2014 年 CIFC 率先提出互联网金融移动化、社交化、产业化、社会化的“四化”趋势，2015 年互联网金融将更加深入地向“四化”趋势发展，“四化”将成为 2015 互联网金融领军企业发展制胜的重要战略。

首先继 2014 移动金融元年后，2015 将进入移动金融发展年。据工信部统计数据，截至 2014 年 10 月，我国移动互联网用户总数达到 8.74 亿户，2015 年移动支付、手机银行、移动理财、移动投资等将快速发展，移动金融时代将全面到来。央行数据显示，2014 年第三季度，全国银行机构共处理移动支付业务 12.84 亿笔，金额 6.16 万亿元，同比分别增长 157.81%和 112.70%。

其次，互联网金融社交化将是方向，众多金融机构、互联网金融企业将进一步通过微信、微博、自媒体等社交平台快速实现互联网金融社交化。农业、汽车、房地产、新能源、文化、科技等越来越多的传统产业与互联网金融对接，形成互联网金融产业化热潮。互联网金融的用户群体也将从 80、90 用户群体进一步延伸到更广泛的用户群体及传统领域形成互联网金融社会化大潮。

五、“互联网金融＋”带来无限新机遇

从 2014 年 7 月，CIFC 发布的“互联网金融＋”领军计划，将互联网金融与产业、技术、园区、人才、企业、媒体、智库等七个维度进行融合，构建“互联网金融＋”生态创新模式。

尤其是“互联网金融＋产业”，它以不同产业或同一产业内的不同行业之间相互渗透，促进产业边界动态变化，产生新的业态为特征，是技术进步和经济发展交互作用的过程，“互联网金融＋产业”，改变了传统产业的商业模式。

2015年，“互联网金融＋”将在更多维度建立新模式，与更多领域、行业相加相融合，为行业发展带来无限新机遇。

六、产业互联网金融化引爆3.0时代

2015年产业互联网金融化将成热点引爆互联网金融3.0阶段。如果把2013年余额宝等“宝宝”引发的互联网金融热潮定义为1.0阶段，把2014年P2P平台及众筹发展时期定义为2.0阶段，那么2015年产业与互联网金融深度融合的产业互联网金融化阶段将是互联网金融的3.0时代。

据CIFC预计，科技、农业、汽车、新能源、环保、房地产、文化、影视、现代服务业等产业互联网金融化将迅速发展，产业互联网金融化模式将成为传统产业升级转型、商业模式创新发展的新引擎。

股权众筹、供应链金融、融资租赁等将为产业互联网金融化提供更多互联网金融创新模式。

七、自金融与微金融小荷才露尖尖角

2015年自金融形态将产生。自媒体以其社交化、社群化的强属性已形成独特的自平台，将与互联网金融的碎片化、小微化特性自然融合，产生一个以自媒体＋互联网金融创新模式为特点的自金融形态。

2015年微金融生态系统初步形成。以服务于小微企业、创业者、普通大众为重点的微金融平台将开始发力，微金融的创新服务模式也将日趋多样化，特别是腾讯旗下前海微众银行定位微金融互联网金融业务，将加速微金融生态系统初步形成。

2015年自金融形态的产生及微金融生态系统的形成标志着互联网金融将进入微时代、自时代。

八、互联网金融行业监管渐行渐近

2014 年 12 月 10 日，保监会公布了《互联网保险业务监管暂行办法（征求意见稿）》，这是国内首份针对互联网金融领域的监管文件。12 月 18 日，中国证券业协会公布《私募股权众筹融资管理办法（征求意见稿）》。预计 2015 年上半年，央行将发布促进互联网金融健康发展的指导意见，银监会将发布 P2P 行业监管办法。

尽管从监管办法意见稿发布到实施还有一段时间，但互联网金融行业监管将成 2015 行业发展的重要事件。同时，各地区的互联网金融相关协会、联盟等行业组织也在加速创立，也为行业自律、规范发展起到积极促进作用。互联网金融企业、大众投资人的法律风险意识也在加强，互联网金融行业的法律服务体系也将逐步完善。

2015 互联网金融行业监管渐行渐近，业界也普遍认同，互联网金融的健康发展，既要创新，也要监管与自律。

九、互联网金融行业发展前景可期

前瞻产业研究院预测，2013 年在移动支付和网上支付双双快速增长的背景下，中国线上支付市场的交易规模将达到 5.7 万亿元，但增速将继续回落；而到“十二五”末，线上支付市场交易规模将突破 10 万亿元，到 2020 年线上支付市场的交易规模有望突破 40 万亿元。

而在网络借贷方面，国内平均每天都有一两家平台上线，平台公司质量参差不齐。繁荣背后也隐藏风险——门槛过低、缺乏标准。近来“倒闭潮”来袭，众贷网、安泰卓越、优易网等轮番上演了网站无法登录、创始人失去联络、第三方支付账户的钱全部被提走等现象。行业监管，征信系统的完善，优秀 P2P 网贷平台的培育将会是未来发展的重点。2013 年整个网络借贷行业的成交量达 897.1 亿元，2015 年众筹将成为投资的新热点，尤其是股权类众筹平台及产业互联网金融平台将受资本追捧。投资机构也将继续涌入 P2P 网贷、移动理财以及互联网金融综合服务平台等。2015 巨头纷纷进入 P2P 及众筹等领域，互联网金融行业竞争加剧，那些专注于垂直、细分领域的众筹及 P2P 平台等，也会获得投资的青睐。到2018年，网络借贷行业的成交规模预计突破8 000亿元[①]。

总之，互联网金融是光明的，需要光明的人去创造光明。金融的本质是信用，共同创造社会的总信，这是使命。

① 互联网金融行业发展环境不断优化，行业发展前景可期[EB/OL]. 豆丁网，http://www.docin.com/p-908843523.html.